KAY DICK

SIE

SZENEN DES UNBEHAGENS

Roman

Mit einem Nachwort von
EVA MENASSE

Aus dem Englischen
von Kathrin Razum

HOFFMANN UND CAMPE

Die Originalausgabe erschien 1977 unter dem Titel
They. A Sequence of Unease bei Penguin Books, London.
Die vorliegende Übersetzung beruht auf der 2022 bei
Faber & Faber Ltd, London, erschienenen Neuausgabe.

1. Auflage 2022

www.hoffmann-und-campe.de

Einbandgestaltung: © Diek Design, in Anlehnung an
die Originalgestaltung der Erstausgabe von 1977, erschienen
bei Vintage / Penguin Random House UK
Satz: Pinkuin Satz und Datentechnik, Berlin
Gesetzt aus der Trump und der Rift
Druck und Bindung: GGP Media GmbH, Pößneck
Printed in Germany
ISBN 978-3-455-01346-7

Ein Unternehmen der
GANSKE VERLAGSGRUPPE

FÜR JUDITH BURNLEY UND
FRANCIS KING

INHALT

GEFAHR AM HORIZONT

Im ersten Septemberlicht wirkte Karrs Haus imposant. Und es war tatsächlich grandios. Von seinem Dach aus hatte man freie Sicht aufs Meer. Karr ging mit mir hinauf, damit ich mir einen Überblick verschaffen konnte. Der Eindruck war der eines spitz zulaufenden Dreiecks. Man konnte sich vorstellen, Karr lebe auf einer Insel: ein vorragendes Stück Land zwischen zwei schmalen Flüssen, deren einer sich verbreiterte, bevor er ins Meer mündete, der andere ein Kanal, auf dem ein paar Schwäne umherglitten. Teils Wiesen-, teils Marschland, mit Dickichten aus hohem Schilf und kleinen Sandflächen hier und da. Ein natürliches Vogelschutzgebiet, man nahm Flugbewegungen als Teil der Landschaft wahr.

Karrs Haus stand erhöht, von einer Mauer umgeben, zum Schutz vor Überschwemmungen. Riesige Hortensien, eher kleine Bäume als Sträucher, wurzelten, strategisch angepflanzt, zwischen den ovalen Platten der Terrasse; Blüten in verschiedenen Rosatönen glitzerten in der Herbstsonne, eine unverschämt üppige Pracht, nach Süden gewandt. Als wir hinuntergingen, um sie näher zu betrachten, konnte ich erkennen, dass Karr jeden Tag nach ihnen sah. Sie strahlten Ritual und Pflege aus.

»Mir gefällt der Kontrast«, sagte ich. Karr verstand, was ich meinte. Er hatte in der offenen Haustür gestanden, als ich die Zufahrt hochkam, durch einen kleinen Hain, eine Oase im Mündungsgebiet.

»Dieser Hain wurde vor langer Zeit angepflanzt«, sagte er. »War es schwierig, hierherzufinden?«

»Am Anfang schon, aber als ich bei der alten Seemannskapelle angelangt war, wusste ich, dass es nicht mehr weit ist.«

»Bist du hineingegangen?«

Ich erzählte ihm, was ich in der Kapelle getan hatte: Ich hatte die Bibel aufs Geratewohl aufgeschlagen und mit geschlossenen Augen den Finger irgendwo auf die Seite gesetzt. Das Weissagungsspiel, das wir als Kinder gespielt hatten.

»Und wo bist du gelandet?«, fragte Karr.

»In der Offenbarung des Johannes natürlich!« Ich lachte befangen. »Siehe, ich komme wie ein Dieb.«

»Dir ist die Jagdhütte hinter der Kapelle entgangen«, sagte Karr. »Da schauen wir später vorbei.«

Die Bediensteten waren unaufdringlich, ich bemerkte ihr Kommen und Gehen kaum. Der Junge, Jake, führte mir seinen Welpen vor, einen schwarzen Labrador, der ihm bis ans Kinn reichte. »Er heißt Omar, nach dem Dichter, weißt du?« Wir setzten uns unten auf die schmucklose Treppe und erzählten uns Geschichten, bis Jake sagte, er müsse jetzt Omar ausführen.

Ich gesellte mich zu Karr in die Bibliothek. Die Fenster gingen auf die Terrasse hinaus. »Du kannst hierherkommen, so oft du willst«, sagte Karr. Er stand am offenen Fenster und blickte in den Himmel. »Wollen wir zu Claire gehen?«, fragte er.

Das Erdgeschoss der Jagdhütte war in ein Atelier umgewandelt worden. Ich betrachtete das Bild, das Claire gerade fertiggestellt hatte. Es war gelb, ganz und gar gelb, jede erdenkliche Schattierung und Nuance von Gelb. Ich ertrug es kaum. Ich ging hinaus und wälzte mich im Gras.

»Es ist schön, oder?«, sagte Karr.

»Unerträglich schön.« Ich ging wieder hinein und betrachtete es von Neuem.

»Wenn du willst, schenke ich es dir«, sagte Claire.

»Noch nicht.« Ich war nervös. »Noch nicht.«

»Soll ich dich zurückbegleiten?«, fragte Karr.

»Ich glaube, das wird schon gehen. Ich nehme die Brücke über den Kanal.«

An der Brücke erwarteten mich Jake und Omar. Sie winkten mir nach, als ich Richtung Küstenstraße abbog. Die Sonne raute den Horizont über dem Meer mit gebranntem Siena auf, als ich mein Cottage erreichte. Ich öffnete die Fenster und schaute auf die Felsen unterhalb des Kliffs. Gezeitenwechsel. Möwen schwebten durch die Luft, bereit für den letzten Fang des Abends, während die Wellen wieder ins Land rollten.

Ich schrieb zwei Briefe, einen an Karr, einen an Claire. Ich ging den abschüssigen Weg zum Strand hinunter und sammelte in den grünen Tümpeln zwischen den Felsen noch ein paar Lochkiesel. Kleine Krabben liefen zwischen meinen Fingern hindurch. Ich verpackte drei der Kiesel und adressierte das Päckchen an Jake. *Das sind Meeresskulpturen, und du musst ihnen Namen geben*, schrieb ich dazu, auf ein blaues Blatt Papier.

Ich beschloss, ins Dorf zu gehen. Auf der Bank gegenüber dem verfallenen Landungssteg saß nur ein Fremder. Ich ging zweimal an ihm vorbei, aber er schaute nicht in meine Richtung. Was es an Neuigkeiten gab, brachte ich im Laden in Erfahrung. »Jetzt sind es die Bücher in Oxford.« Ich nickte, als interessierte mich das nicht.

Am nächsten Tag wanderte ich frühmorgens den Strand entlang, der Sonne entgegen. Ich überprüfte meine Erinnerung an Keats' Gedichte. Kurz nach Mittag erreichte ich die Flussmündung. Ich scheuchte einen Schwarm Schmetterlinge auf, als ich das Ufer hinaufkletterte. Oben erwarteten mich Jake und Omar. Während wir auf Karrs Haus zugingen, erzählte ich Jake wieder eine Geschichte, diesmal eine längere.

»Garth ist gekommen«, sagte Karr. »Er hat sein Klavier mitgebracht.«

»In die Kapelle?«, fragte ich.

»Ja, er hat sich da eingerichtet, um sich zu erinnern.« Karr blieb plötzlich stehen und spähte durch sein Zeiss Telita zum Fluss. »Du bleibst besser über Nacht«, sagte er.

Nach dem Mittagessen öffnete ich die Tür der Kapelle.

Garth saß am Klavier und starrte auf die Tasten. »Es muss möglich sein, sich an alles zu erinnern«, sagte er.

»Wenn man genug Zeit hat, schon«, sagte ich.

Ich hielt Jake davon ab, zu Garth hineinzugehen. »Er erinnert sich gerade«, sagte ich. »Später.«

Hand in Hand gingen wir zur Jagdhütte. Omar sprang irgendeinem Tier nach, das er im Wald witterte.

»Es macht dir überhaupt nichts aus, oder?«, fragte ich Claire.

»Dafür habe ich einfach keine Zeit«, sagte sie und malte weiter.

Jake beobachtete sie aufmerksam.

»Kommst du heute Abend zu Karr?«, fragte ich.

»Kann gut sein.« Sie sah mich an und küsste mich.

Das Bild, das sie malte, war blau, ganz und gar blau, jede erdenkliche Schattierung und Nuance von Blau. Jake ging hinaus und weinte. Omar leckte ihm die Tränen ab.

»Komm, wir schauen mal nach den Moorhühnern«, sagte ich.

Wir gingen zu Karrs Haus zurück, die Treppe in der Mauer hoch und auf die Terrasse. Die Bediensteten brachten gerade Tee.

»Nach dem Essen spielen wir Schach«, sagte Karr, »bis sie ins Bett gehen.«

»Ist Claire in Garth verliebt?«, fragte ich.

»Sind wir nicht alle verliebt?« Karr lächelte Jake zu.

»Es muss doch möglich sein …«, setzte ich an.

»Übersehen zu werden?«

»Ja, das habe ich wohl gemeint.«

»Es wird uns alle treffen«, sagte Karr.

Ich ging in die Bibliothek und las bis zum Abendessen. Jake beobachtete mich aufmerksam. Karr goss die Hortensien.

Claire und Garth kamen lächelnd herein. Er hat sich erinnert, dachte ich, als ich den kämpferischen Ausdruck in seinen Augen bemerkte. Während ich mit Karr Schach spiele, wird er in der Jagdhütte mit Claire schlafen, und dann wird er wieder in die Kapelle gehen und das spielen, woran er sich erinnert. Jake wird aus dem Bett kriechen und wie ein nachtaktives Tier zur Kapelle tapsen. Er wird die Tür öffnen, sie hinter sich schließen und Garth aufmerksam zuhören. Ich wusste das alles, während wir darauf warteten, dass es Nacht wurde.

»Du hast einen neuen Bediensteten«, sagte Claire zu Karr.

»Ja, den haben sie geschickt.« Karr war ganz gelassen.

»Das war zu erwarten.« Garth sah beunruhigt aus. »Soll ich abreisen?«

»Es ist unbedingt erforderlich, dass du bleibst«, sagte Karr.

Ich erwachte im Morgengrauen, schrieb Garth eine kleine Nachricht, die ich ihm unter der Tür hindurchschob, als ich an der Kapelle vorbeiging. Auf dem Rückweg zum Cottage überprüfte ich meine Erinnerung an Henry James' spätere Romane. In meinem Bücherregal fehlte mein Exemplar von *Middlemarch.* Ich setzte mich in den Garten und dachte an Garth, der sich an die Musik erinnerte, und an Claire, die malte, und hörte auf, mich zu fürchten. Ich schrieb ein Gedicht für Jake.

Am Nachmittag kam Claire mich besuchen. Sie brachte einen Korb mit Blaubeeren mit, die sie unterwegs gepflückt hatte. Wir aßen die Beeren und lasen einander dabei Gedichte vor. In jedem Gedicht war ein Teil unseres jeweiligen Lebens enthalten.

»Ich schließe meine Tür nicht mehr ab«, sagte ich. »Gestern Nacht haben sie wieder ein Buch mitgenommen.«

»Ja, sie werden aktiver«, sagte Claire.

»In diesem Teil des Landes gehen sie langsamer an die Sache heran«, sagte ich.

»Ein Heckenschütze hier und da«, sagte Claire lachend.

»Die Vorhut ist auf der Hut.« Hysterisches Gelächter schüttelte uns.

»Garth hat alles auf einmal verloren«, sagte Claire. »Sämtliche Noten auf einen Schlag. Hier gehen sie unauffälliger vor.«

Ich wagte die Frage, die mich am meisten beschäftigte. »Ist Jakes Gedächtnis gut genug?«

»Karr hat ihn sehr gut geschult«, sagte Claire.

»Werden sie darauf kommen?«, fragte ich.

»Nicht unbedingt.« Sie hielt inne. »Also, ich glaube es jedenfalls nicht, nicht gleich. Wir brauchen bloß etwas Glück und genügend Zeit.«

»Keine Überforderung?« Ich musste die Befürchtung aussprechen.

»Nicht in seinem Alter. Sein Gedächtnis ist in Höchstform.« Claire war zuversichtlich.

Als sie aufbrach, gab ich ihr das Gedicht, das ich für Jake geschrieben hatte. Den nächsten Tag verbrachte ich mit Schwimmen und Sonnenbaden, tankte Salz und Sonne, füllte meine Reserven wieder auf. Meine Tennisschuhe um den Hals gehängt, watete ich zum Wellenbrecher und sah zu, wie der Fischer Krabben und Krebse fing, während das Wasser über den Felsen ablief.

»Gestern war London dran«, sagte er. »Man nimmt an, dass es noch eine Woche dauern wird.«

Ich setzte meine Sonnenbrille auf.

»Üppiger Fang«, sagte ich und deutete mit dem Kopf auf seinen Eimer.

»Diese Trottel«, sagte er. »Verstecken sich unter Steinen.«

»Einige kommen davon«, sagte ich, während er zu einem anderen Tümpel ging.

Vor dem Cottage erwarteten mich Jake und Omar.

»Karr hat gesagt, ich darf über Nacht bleiben.«

Wir gaben Omar zu fressen.

»Sie sind gekommen, als ich draußen gewartet habe.« Jake sah bekümmert aus.

Shelleys Gedichte und Katherine Mansfields Tagebücher fehlten. Jetzt werden sie raffgierig, dachte ich. Während Jake zu Abend aß, erzählte ich ihm eine weitere Geschichte.

»Was ist das, eine Zeitung?«, fragte Jake.

In dieser Nacht schlief ich fest. Sie kamen nie, wenn man im Haus war. In ihren Augen war das unnötige Energieverschwendung, ein Luxus, den sie verweigerten. Stille Heimlichkeit war schmerzhafter, schwerer zu ertragen, es war ihre Art der Bestrafung. Drastischere Maßnahmen ergriffen sie nur, wenn man eine bestimmte Grenze überschritt.

Als wir die Kanalbrücke zu Karrs Haus überquerten, trafen wir Garth.

»Karrs neuer Bediensteter beobachtet Claire«, sagte er.

Das neue Bild war grün, ganz und gar grün, jede erdenkliche Schattierung und Nuance von Grün. Garth drehte sein Gesicht zur Wand. Karrs Bediensteter ging. Claire lachte. Ich war bereit, für sie zu sterben.

Karr kam herein. »Du darfst nicht übermäßig tapfer sein«, sagte er. »Das ist Prahlerei.« Er führte Jake von dem Bild weg und ging mit ihm zum Wäldchen. Claire setzte sich und stöhnte gequält.

»Wir müssen ins Haus gehen«, sagte ich zu ihr, »und das Mittagessen bestellen. Die Bediensteten müssen beruhigt werden.«

Unterwegs pflückte Claire ein paar spät blühende Rosen. »Gestern haben sie die Nationalgalerie ausgeräumt«, sagte sie.

Am Nachmittag ging Claire mit Garth weg. Karr und ich setzten uns in die Bibliothek, auch eine Art des Liebens.

»Garth ist leichtsinnig«, sagte Karr. »Sex macht ihn leichtsinnig.« Ich ging hinaus, berührte die Hortensien, setzte mich auf die Mauer und schaute auf die Flussmündung hinunter. Ich konnte Jake sehen, der seinen Drachen steigen ließ. Omar sprang hinter ihm her. Karrs neuer Bediensteter stand auf der Brücke und beobachtete Jake. Ein Schwan reckte den Hals hoch über das Wasser und spreizte die Flügel.

»Ist für Jakes Sicherheit gesorgt?«

»Sicherheit ist unwichtig«, sagte Karr.

»Und wenn er redet?«

»Es wird ein Test sein.«

Ich brauchte vier Tage, um meine Panik zu überwinden. Ich putzte mein Cottage von oben bis unten, grub im Garten um, pflanzte und beschnitt. Fünf Bücher fehlten, darunter John Stuart Mills Autobiographie. Ich wischte den Staub aus der Lücke. Am nächsten Tag regnete es. Ich ging zu Fuß zum Dorf und überprüfte unterwegs meine Erinnerung an Tschechows Dramen. Im Café saß eine Fremde. Sie bat mich, ihr den Zucker zu reichen. Garth kam herein und setzte sich neben mich. »Ich kann nur noch an Claire denken«, sagte er.

Ich stand auf und ging. Garth folgte mir die Straße zum Strand hinunter. Wir liefen unterhalb des Kliffs zurück zu meinem Cottage.

»Karr erwartet zu viel von Jake«, sagte Garth.

Möwen kreischten. Der Regen peitschte uns ins Gesicht. Als wir den Hang zu meinem Gartentor hinaufkraxelten, sah ich, wie sie das Cottage verließen. Drinnen war ein komplettes Regal leer geräumt. In den Staub auf dem Holz schrieb Garth mit dem Finger Mahlers Namen. Ich wischte mit der Hand darüber. Ich blickte aufs Meer hinaus.

»Wenn es aufhört zu regnen, gehen wir zu Karr«, sagte ich.

Garth schlief sieben Stunden lang. Ich las Shakespeares Sonette.

»Ich habe mich im Schlaf an einiges erinnert«, sagte Garth. »Ich muss Jake finden.«

Ich ließ Garth in der Kapelle zurück, ging zu Karrs Haus, fand Jake und schickte ihn zu Garth.

Karr und ich schlenderten zur Jagdhütte.

Ein dünner Nebel trieb vom Meer heran und verschleierte die Sonne.

»Sie haben die Küste erreicht«, sagte Karr. »Du könntest hierbleiben.«

»Es macht mir nichts aus zurückzugehen«, sagte ich. »Ich habe meine Panik überwunden.«

Claire arbeitete an einem neuen Bild. Es war rot, ganz und gar rot, jede erdenkliche Schattierung und Nuance von Rot. Karr schloss Claire in die Arme.

»Ich muss nur noch ein einziges malen.« Sie sagte es eher zu Karr als zu mir.

»Du könntest es auch weglassen«, sagte Karr in einem Moment der Schwäche.

Wir hakten uns unter, als wir zum Haus zurückgingen. Der Nebel hatte sich gelichtet, und die Sonne strahlte auf die Hortensien. Die Bediensteten brachten Sekt, und wir traten mit unseren Gläsern an die Terrassenmauer. Garth und Jake kamen auf uns zugerannt, dicht gefolgt von Omar. Wir schauten zur Flussmündung hinunter.

»Jetzt kannst du mir das gelbe Bild gern geben, Claire«, sagte ich. »Ich nehme es mit nach Hause.«

»Ich muss noch das weiße malen«, sagte sie. »Das mache ich heute Abend.«

»Das wäre unklug«, sagte Karr.

»Ich werde noch ein paar Briefe schreiben«, sagte ich.

Wir kehrten dem Haus den Rücken und schauten aufs Meer hinaus. Ein Fischkutter fuhr gerade in die Flussmündung.

»Ich glaube, sie sind fertig«, sagte Karr. »Wir können jetzt reingehen.«

In der Bibliothek befanden sich keine Bücher mehr. Wir gingen langsam durch die übrigen Zimmer. Sämtliche Gemälde waren entfernt worden. Claire strich über die Stellen, wo die einzelnen Bilder gehangen hatten. Die Bediensteten waren fort. Garth stürmte durch die Haustür. Karr rief ihm zu, er solle draußen bleiben. Wir gingen zurück auf die Terrasse und setzten uns in die Liegestühle. Jake prellte Omar einen Ball zu. Garth kam wieder. Er zitterte. »Sie haben Claires Bilder alle dagelassen«, sagte er.

»Du darfst da nicht wieder hin«, sagte Karr zu Claire.

»Ich muss jetzt das Weiß malen«, sagte sie. »Ich nehme Jake mit.«

Ein paar Stunden später kam Jake zurück.

»Du musst zu Abend essen und danach sofort ins Bett gehen«, sagte Karr.

Wir eilten zur Jagdhütte. Ein Brachvogel pfiff. Wir sahen, wie sie Claire zu dem Fischkutter führten, der im Flussbett ankerte.

»Was werden sie mit ihr machen?«, fragte ich Karr.

»Sie werden sie blenden und dann wieder zu mir zurückbringen«, sagte Karr. »Sie hat die Grenze überschritten. Sie hat weitergemalt.«

Garth rannte hinter ihnen her.

»Und mit ihm?«, fragte ich.

»Ihn werden sie taub machen«, sagte Karr.

»Und mit mir, falls …?« Ich war zu Eis erstarrt.

»Dir würden sie die Hände amputieren und die Zunge abschneiden«, sagte Karr. »Du solltest die Briefe, die du geschrieben hast, lieber vernichten. Man darf ihnen keinerlei Ansatz für eine Konfrontation bieten.« Er hielt inne. »Denk an Jake.«

Wir gingen in Claires Atelier.

»Es ist ja noch da«, sagte ich und starrte auf das weiße Bild, das ganz und gar weiß war, jede erdenkliche Schattierung und Nuance von Weiß. Die anderen Bilder waren fort.

»Ich werde morgen früh mit Jake herkommen, damit er es sich ansehen kann, bevor sie wiederkommen und es mitnehmen«, sagte Karr.

»Es ist so weiß wie die Sonne, wenn man direkt in sie hineinschaut«, sagte ich.

»Man kann sich selbst blenden, wenn man in die Sonne schaut«, sagte Karr.

»Mein Gott!«, sagte ich. »Claire hat es gewusst, sie kannte die Strafe.«

»Wir müssen sie alle kennen«, sagte Karr. »Es ist die einzige Gewissheit, die wir haben.«

Auf dem Rückweg zum Haus sagte Karr: »Deine Bücher dürften jetzt alle weg sein. Es ist sinnlos, zu deinem Cottage zurückzugehen.«

»Unter den Dielen habe ich noch Papier und Stifte«, sagte ich.

»Die müssen dort bleiben«, sagte Karr.

»Für Jake?«, fragte ich.

»Vielleicht, vielleicht auch nicht.« Karr hielt inne. »Ich werde ihm einen gleichaltrigen Gefährten suchen, für alle Fälle.«

»Falls sie ihm auf die Schliche kommen?«

»Ja«, sagte Karr. »Wir haben nur noch sehr wenig Zeit.«

DIE BESUCHER

Ich sah sie als Erste.

»Es ist nicht ausgeschlossen«, hatte Sandy gesagt, »dass sie uns übergehen. Wir haben wenig Interessantes zu bieten.«

Es war zu spät, um umzudrehen. Ich hatte die Sonne im Gesicht, als ich auf sie zuging. Sie waren am Strand, zu neunt. Drei Wellenbrecher weiter strich Sandy gerade sein Boot. Acht von ihnen lagen ausgestreckt auf dem Kies. Der Neunte kniete und schaute in Sandys Richtung. Mein Hund bellte sie an. Es war der erste Frühlingstag. Die Sonne war warmes Wasser auf der Haut, das stille Meer ein silberner weiter Horizont. Ein Kormoran stieß ins Wasser und tauchte wieder auf, geradezu frivol. Als ich an ihnen vorbeiging, lächelte ich; das war immer das Beste. Einer von ihnen stand auf und watete bis zur Taille in die Wellen, voll bekleidet. Eines der Mädchen lachte.

»Morgen kriegt es noch einen Anstrich.« Sandy tätschelte sein Boot.

»Gehst du von hier weg?«, fragte ich.

»Möchte ich eigentlich nicht.« Er packte seine Gerätschaften zusammen. »Lass uns bei Judith einen Tee trinken.«

Berg arbeitete im Gewächshaus. Er winkte. Judiths Mutter legte in ihrer üblichen Fensterecke im Salon Patiencen. Die Jungen bastelten einen gelb-blauen Drachen. Sandy bot an, ihnen zu helfen. Das italienische Mädchen brachte auf einem Tablett den Tee, gefolgt von Judith. Die Siamkatze fauchte meinen Hund an.

»Drei von ihnen sind heute Nachmittag in die Küche gekommen«, sagte Judith. »Die Köchin hat ihnen Gebäck und Obst gegeben.«

»Ich habe Yeats noch gekannt«, sagte Judiths Mutter.

»Morgen probieren wir den Drachen aus.« Der kleinere Junge hielt den Drachen in die Höhe, damit wir ihn sehen konnten.

»Hoffentlich bleibt das Wetter schön.« Judith war nervös. »Vielleicht ziehen sie ja weiter.«

»Wahrscheinlich sind sie nur auf der Durchreise.« Sandy klang gelassen.

»Sie haben die Köchin gefragt, wie viele Leute hier wohnen«, sagte Judith.

»Ihr seid ein Familienverband. Das sollte sie zufriedenstellen.« Sandy befestigte eine weitere Schnur an dem Drachen.

»Ich mache mir um euch beide Sorgen«, sagte Judith.

Das Telefon klingelte. Wir hörten, wie Berg abnahm. Die Jungs gingen in den Garten hinaus.

»Sie sondieren das Terrain«, sagte Berg, als er wieder ins Zimmer kam. »Die übliche Taktik.«

Alleine zu leben war zunächst nicht einfach. Erst nach und nach trat Gewöhnung ein. Hatte man es erst einmal akzeptiert, lagen die Vorteile auf der Hand. Ich hatte Jahre gebraucht, um sie mir zu erschließen. Daran musste ich denken, als Sandy und ich zu meinem Cottage zurückliefen.

»Du hast immer allein gelebt, oder?«, fragte ich.

»Ja. Ich bekomme ab und zu Besuch von Freunden. Das ist anregend und hält mich in Schwung.«

»Man braucht Zeit für sich selbst«, sagte ich.

»Unbedingt.« Sandy war kategorisch.

Ich wusste genau, was er meinte. Es war ein windstiller, fast regungsloser Abend. Geräusche haben unter solchen Umständen etwas Durchlässiges. Wir hörten sie lachen, als wir uns dem Strand näherten.

»Manchmal beneide ich Judith«, sagte ich.

»Die Familie?« Es war mehr Aussage als Frage.

»Ja, aber …«

»Nicht ständig, würde ich meinen.«

»Gut, dass sie in der Nähe sind – erreichbar.«

»Ohne sich aufzudrängen.«

Sandy blieb zum Abendessen. Wir unterhielten uns bis nachts um eins.

»Du machst dir keine Sorgen, oder?« Er zögerte.

»Nein, gar nicht.« Ich lachte. »Ich kann dich ja jederzeit anrufen.«

»Die sind launenhaft. Vielleicht sind sie morgen früh schon weg.« Sandy wünschte mir eine gute Nacht.

»Ich glaube«, sagte Judith, als ich am nächsten Morgen Kaffee machte, »es wäre vernünftig, wenn du für ein paar Tage bei uns wohnen würdest.«

»Das wäre eine Panikreaktion«, sagte ich.

»Es werden mehr – also, mehr von ihnen sind hierher unterwegs«, sagte Judith. »Berg hat gehört, dass sie im Inland schlimm gewütet haben. Kein einziger Alleinstehender wurde verschont.«

»Ungewöhnlich.« Ich versuchte ruhig zu erscheinen. »So gründlich sind sie eigentlich nicht. Ein paar werden immer ausgelassen.«

Am Nachmittag ging ich mit dem Hund raus und steuerte bewusst den Strand an. Es war besser, sich die Angst nicht anmerken zu lassen. Sie waren jetzt ein bisschen weiter westlich, näher bei Sandy, der wieder an seinem Boot arbeitete. Ich nickte ihnen im Vorbeigehen zu. Einer von ihnen warf einen Kiesel ins Wasser. Sandy lud mich auf einen Tee zu sich ein.

»Hier, das haben sie mir vor die Tür gelegt.« Er zeigte mir ein aus Seetang geformtes Kruzifix.

Er nahm mich mit in sein Atelier. Wir schauten uns seine neueste Glasskulptur an. Ihre Schönheit überwältigte mich.

Ich legte meinen Kopf auf seine Brust. Der Donner kam überraschend. Düsternis zog auf. Blitze zuckten. Das Gewitter dauerte eine Stunde.

»Die werden völlig durchnässt sein«, sagte ich.

»Das ist denen egal«, sagte Sandy.

Wir blickten aufs Meer hinaus. Die Sonne schien wieder. Sanfte Rosatöne schattierten das nun ruhige

Wasser, die Wellenbrecher gewannen eine neue Dimension. Der unfertige Landungssteg wirkte imposant, wie ein prähistorisches Objekt von immenser Festigkeit. Es war ein atemberaubender Anblick. Als ich nach Hause lief, sah ich Rauch vom Strand aufsteigen.

Ich werkelte in meinem Garten, bis das Licht schwand. Drinnen studierte ich ein Messtischblatt von unserem Teil der Küste. Mit einem roten Buntstift kreuzte ich die Stellen an, wo sie ihre Spuren hinterlassen hatten. Ich verband die Kreuze mit blauer Tinte – es ergab einen unvollständigen Kreis. Wir lagen haarscharf daneben.

Ich rief Sandy an. »Wir liegen nicht auf ihrer Kreislinie.« Ich erklärte, was ich herausgefunden hatte.

»Vergiss nicht, dass auch Kreise innerhalb von Kreisen entstehen können.« Er klang belustigt.

»Du meinst, wir könnten der Anfang eines neuen Kreises sein?«

»Schon möglich, es sei denn …«

»Es sei denn?«

»Es sei denn, sie sind eine Splittergruppe. Das kommt vor.«

»Du meinst, sie handeln eigenständig?«

»Na ja«, sagte er lachend, »sagen wir, es sind Alleinstehende, die gemeinsam agieren. Berg könnte dir das sagen, er arbeitet an einer sozialpsychologischen Studie über ihr Verhalten. Für die Zukunft, natürlich.«

»Ah ja, für die Zukunft. Sandy«, ich war auf dem Quivive, »was soll das heißen, sie sind Alleinstehende?«

»Na ja, Berg hat gesagt, wenn Alleinstehende vertrieben werden, tun sie sich oft zusammen.«

»Aus Einsamkeit?«

»Ja, so lebt es sich leichter.«

»Sie geben auf?«

»Sagen wir, sie geben es auf, aktiv alleinstehend zu leben.«

»Würdest du das aufgeben, Sandy?«

Er lachte wieder. »Nein, ich bin mit Leib und Seele Alleinstehender.«

»Selbst wenn …?« Ich traute mich nicht, es auszusprechen.

»Alles zerstört wird?« Er nahm die Herausforderung an. »Zerstörung zählt nicht. Man kann immer wieder Neues schaffen.«

Würde man das?, fragte ich mich, während ich auflegte und meine Bücher betrachtete. Waren diese greifbaren Zeugnisse künstlerischen Schaffens nicht ein Ansporn? Würde man ohne sie weitermachen? Wie sehr war man von früheren Errungenschaften abhängig? Wenn es zur Zerstörung käme, wäre das die Probe aufs Exempel. Sie waren sehr gründlich, wenn sie sich erst einmal ein Ziel erwählt hatten. Berg meinte, hinter ihrer Passivität verberge sich ein innerer Verbrennungsvorgang, der sich in einer begrenzten Handlung niederschlug.

Ich schüttelte meine Panik ab und arbeitete, bis ich todmüde war. Es hatte keinen Sinn, nach Schritten zu horchen, sie trugen keine Schuhe.

Ich frühstückte im Garten, als Berg kam. Ich machte

ihm einen Kaffee. Er rauchte eine der Larrañagas, die er sich sonst immer für den Nachmittag aufhob. Ich versuchte seine Botschaft, die ich irgendwie erahnte, hinauszuzögern.

»Bei Sandy?«, fragte ich. »Wann?«

»Heute Nacht zwischen drei und vier«, sagte Berg.

»Und Sandy?«

»Hat sich gewehrt.«

»Großer Gott.« Ich schenkte Berg Kaffee nach.

»Er liegt im Krankenhaus«, sagte Berg. »Sie haben sich mit Glas aus seinem Atelier an seinen Augen zu schaffen gemacht. Ich habe ihm immer wieder gesagt, dass es nichts bringt.« Berg klang verärgert. »Am besten verzieht man sich. Eine Einzelperson greifen sie nur an, wenn sie Widerstand leistet.«

»Wir müssen rübergehen«, sagte ich.

Es war das Atelier. Ein wahres Schlachtfeld. Ich nahm meinen Hund auf den Arm, damit er sich nicht an den Scherben schnitt. Sie hatten Sandys Säure über all seine Skizzen geschüttet. Ein Glaskieselmeer. Die Blau-, Rot-, Gelb- und Grüntöne aus Sandys Entwürfen hatten sich vermischt – die Farbpalette eines Irren.

»Und wenn Sandy bei mir gewohnt hätte oder bei euch? Dann wäre das nicht passiert?« Es war eine Frage an Berg, dabei wusste ich die Antwort selbst. »Warum?«

»Wer allein lebt, ist eine Bedrohung für sie«, sagte Berg. »Sie haben Angst vor dem Alleinleben, deshalb sind sie neidisch darauf.«

»Aber sie reden doch kaum miteinander.«

»Sie haben das Sprechen auf ein Minimum reduziert, so weit, dass sie ihre paar Worte kaum artikulieren können.«

Ich erinnerte mich daran, wie sie angefangen hatten: Gegenstand für Parodien in der Presse. Jetzt schrieb niemand mehr über sie. Es war zu gefährlich. Man konnte ihnen jederzeit begegnen. Sie waren eine Bedrohung, mit der man leben musste.

»Wie viele sind es?«, fragte ich Berg.

»Über eine Million, eher an die zwei, vermute ich. Es lässt sich nicht genau sagen.« Berg trat gegen die Glasscherben. »Du solltest Sandy heiraten«, sagte er. »Oder ihr solltet wenigstens zusammenleben.«

Judith fuhr mich zum Krankenhaus. Sandys Augen waren verbunden. Seine Hände auch. Ich bot ihm an, was Berg vorgeschlagen hatte.

»Ich bin nicht so weit gekommen, um jetzt einen Rückzieher zu machen«, sagte er.

»Ihr müsst aufhören, so stur zu sein, beide«, sagte Judith. Sie war aufgebracht. »Diese demonstrative Tapferkeit bringt nichts. Wenn ihr zusammenleben würdet, könntet ihr ohne Angst weiterarbeiten.«

»Es ist eine Frage der Entscheidungsfreiheit«, sagte Sandy. »Ohne Entscheidungsfreiheit haben wir nichts mehr.«

Auf der Rückfahrt drang Judith in mich. »Du musst dich schützen. Wenn es nicht diese Gruppe ist, dann die nächste.«

»Irgendwelche Gefahren drohen im Leben immer«,

sagte ich. »Lass mich hier raus. Das restliche Stück laufe ich. Ich muss nachdenken – allein.«

Nicht weit vom Strand traf ich Judiths Mutter.

»Ich habe ihnen gesagt, dass ich Yeats noch kannte«, sagte sie, während sie an mir vorbeiging, ohne stehen zu bleiben. Ich sah zu dem blau-gelben Drachen hoch, den die Jungs zum ersten Mal steigen ließen.

Zwei von ihnen standen an meinem Gartentor. Mein Hund bellte.

»Guten Tag!« Ich lächelte sie an.

»Einzelgängerin?«, fragte der Mann.

»Ich wohne mit meinem Hund zusammen«, sagte ich.

»Jed«, stellte er sich vor.

»Lou«, sagte die Frau.

Ich lud sie zum Tee ein. Sie aßen Brot mit Butter und Honig und Kümmelkuchen.

Sie folgten mir durchs Cottage und schauten sich alles an. Ich ging mit ihnen in den Garten hinaus und zeigte ihnen meine Blumen und Sträucher und das Obst. Sie sagten nichts. Mein Hund hörte auf, sie anzubellen. Ich bot ihnen Zigaretten an, die sie ablehnten. Sie setzten sich ins Gras, und ich ging hinein, um das Teegeschirr abzuwaschen. Als ich wieder hinausging, sah ich, wie Jed seine messingne Halskette abnahm und sie dem Hund um den Hals schlang. Er zog sie fester zu. Ich unterdrückte meinen Impuls loszustürmen, ging langsam weiter. »Er traut dir«, sagte ich. Jed lockerte die Schlinge.

»Ich muss ihm sein Fressen geben.« Ich spürte, wie mir der Schweiß aus den Achselhöhlen rann. Jed ließ die Kette vom Hals des Hundes gleiten.

Ich ging wieder in die Küche, gefolgt von dem Hund und Lou. Ich schnitt Fleisch in Stücke. Lou sah zu, wie ich sie dem Hund gab. »Ich muss ein paar Briefe schreiben«, sagte ich. Lou setzte sich auf den Boden und sah mir zu. Um sieben sagte ich Lou, sie solle Jed Bescheid geben, dass wir jetzt essen würden. Sie sahen zu, wie ich Eier kochte, einen Salat machte und alles auf den Tisch stellte. Beim Essen redete ich über meinen Garten. »Ich mag Blumen«, sagte Lou. Jed schlug ihr ins Gesicht.

Nach dem Abendessen stellte ich das Schachbrett auf. Jed und ich spielten drei Partien. Zwei davon verlor ich. Lou ging mit dem Hund in den Garten hinaus.

Berg kam vorbei.

»Mitbewohner?«, fragte Jed.

Berg zögerte.

»Nein«, sagte ich fest.

Berg spielte eine Partie Schach gegen Jed. Sie dauerte zwei Stunden. Ich setzte mich mit Lou in den Garten. Ich pflückte ihr einen langen Zweig weißen Flieder. Jed pirschte sich heraus, riss ihr den Zweig aus der Hand und warf ihn weg. Der Hund spielte damit. Lou spuckte Jed ins Gesicht. Jed kehrte zu der Schachpartie gegen Berg zurück. Sie endete unentschieden.

»Wenn du möchtest, bleibe ich über Nacht«, sagte Berg.

»Danke, aber«, ich achtete darauf, dass ich klar und deutlich sprach, »Lou und Jed übernachten heute hier.«

»Genau«, sagte Jed.

Berg ging. Vom Meer her roch es nach Fisch, das bedeutete Regen. »Ich mache uns was Heißes zu trinken«, sagte ich, als wir hineingingen und die Tür hinter uns schlossen. Lou zog die Vorhänge zu. Jed stellte die Lampe so hin, dass sie direkt auf die Vorhänge schien. Mein Hund bellte. Jed legte ihm die Hand über die Schnauze.

Ich hörte sie weniger, als dass ich sie spürte. Das Gartentor quietschte, als sie es öffneten. Jed schubste den Hund zu mir. Ich steckte seinen Kopf unter meinen Pullover, damit er nicht bellte. Jetzt hörte ich sie. Feuchte nackte Füße auf dem Gartenweg. Jed packte Lou. Zwischen der Lampe und den Vorhängen begrabschte er sie in vorgetäuschter zärtlicher Umarmung. Das schlüpfrige Tapsen draußen verstummte. Dann begann es von Neuem. Ich schloss die Augen, erwartete zu hören, wie die Tür geöffnet wurde. Das Gartentor quietschte wieder. Dann Stille. Ich öffnete die Augen. Jed stieß Lou von sich weg. Sie fiel aufs Sofa und schlief ein.

»Du traust uns«, sagte Jed, während er die Schachfiguren auf dem Brett neu aufstellte und die Partie gegen Berg, die unentschieden geendet hatte, noch einmal nachspielte. Ich saß da und schaute ihm zu, lauschte dem einsetzenden Regen.

Gegen sechs wachte ich auf. Ganz steif, weil ich im

Sessel geschlafen hatte. Jed und Lou waren fort. Die Vorhänge waren zurückgezogen. Ich ging hinaus. Fliederzweige waren auf dem Gartentisch zu einem vollständigen Kreis arrangiert. Für mich würde es noch mal eine Phase der Sicherheit geben. Ich rannte zum Strand, mein Hund folgte mir auf den Fersen.

Judiths Mutter, die ihren üblichen Morgenspaziergang machte, hielt kurz inne, als wir uns begegneten.

»Ich habe sie weggehen sehen«, skandierte sie. »Ich habe ihnen gesagt, dass ich Yeats noch kannte.«

EIN NEST DER RUHE

»Ich habe einen weiten Weg zurückgelegt, um dich zu besuchen«, sagte ich zu Hurst. »Ich bin nach Cumberland gefahren, aber da warst du nicht mehr.«

»Ich wollte wieder zu Hause sein«, sagte er, während er mich zur Mühle führte.

Ich blieb auf der Brücke stehen und sah zu, wie das Wasser durch das Mühlrad sprudelte.

»Ich bin sehr müde«, sagte ich.

»Das Geräusch des Wassers wird dir heute Nacht beim Schlafen helfen.« Hurst ließ die Tür offen, als wir hineingegangen waren. Die roten Steinfliesen auf dem Boden waren kühl. Ich berührte einen der dicken Eichenbalken. Alle Fenster standen offen, die Sonne schien in jeden Winkel. Ein Imbiss war gerichtet: gekochte Eier und eine Honigwabe.

»Es ist wirklich überall, oder?« Der Liederzyklus *Die schöne Müllerin* kam mir in den Sinn.

Hurst verstand, was ich meinte. »Es gibt drei miteinander verbundene Kanäle. Eine Seite des Gartens grenzt ans Wehr. Es ist fast wie auf einer Insel.«

»Luft und Licht – du hast sie in jeden Raum gebracht.«

Ich ging durch Hursts umgebaute Mühle. Die Räume waren alle miteinander verbunden. »Und Echos«, fügte ich hinzu, während ich dem Wasser draußen lauschte.

»Schau, der Eisvogel.« Hurst nickte zum Fenster hin.

Ich erhaschte einen Blick auf blaugrüne Flügel und eine rostrote Brust.

Im Galerieraum sah man von jedem der acht Fenster aus die Wipfel der ringsum stehenden Bäume. Eines von Hursts Mandalas hing von einem Holzbalken, und ein Mobile bewegte sich in dem leichten Wind, der von draußen hereinkam. Ich kletterte die Leiter zur Galerie hoch.

»Runter kommt man auch auf anderem Weg«, sagte Hurst. »All meine Eingänge sind Ausgänge. Im Sinne der Vollständigkeit.«

Ich wusste seine Planung zu schätzen. »Und man sieht die gesamte Umgebung.«

Hurst lachte. »Ja, die Mühle eignet sich durchaus als Wachturm.«

In der Ferne sah ich Rauch. »Sie sind wieder am Niederbrennen«, sagte ich.

»Deshalb ist mein Wasser so nützlich. Ich habe eine sehr wirksame Feuerlöschanlage. Sie springt an, sobald ich die entsprechende Taste drücke. Ich zeige dir am besten, wo sie ist, nur zur Sicherheit.«

»Sind die Gemälde von Julian?« Ich betrachtete die Wände.

»Die meisten sind von ihm.«

Die Mühle gehörte Hurst. Fünf Jahre hatte Julian mit

seiner Frau und den Zwillingen hier gewohnt. Nach dem Brand war Julians Frau mit den Kindern in die Schweiz gefahren. Hurst reiste ein Jahr lang durchs Land und besuchte Nester der Ruhe, wie er sie nannte, Rückzugsorte wie die Mühle, für jene, die sich nicht fügten.

»Die Mühle habe ich gerettet, aber für Julian konnte ich nichts tun.« Julian war Hursts einziger Sohn gewesen. »Ich habe mein Atelier an genau derselben Stelle errichtet.«

Wir gingen in den Garten, nahmen die Brücke über den ersten Kanal. Vor dem Atelier stand ein verkohlter Holzblock. Darin eingeritzt waren Julians Name und Beruf – Maler. Kein Geburts- oder Todesdatum. An einem der Kanalufer war ein Boot vertäut.

»Ich werde mich um deine Rosen kümmern«, sagte ich; es war wichtig, Pläne für die Zukunft zu machen. Jeglicher Versuch aufzugeben spielte ihnen in die Hände. Untätigkeit war genau das, was sie wollten. Ich spazierte durch den Garten und kletterte zu dem Baumhaus hinauf, das Julian für die Zwillinge gebaut hatte. In der Mühle schaltete Hurst jetzt die Lichter an. Vom Garten aus glich sie, von Wasser umgeben, einem kompakten Schiff in einem Hafen. Ich hatte das Gefühl, von der anderen Seite des Wehrs aus beobachtet zu werden. Ich winkte dem Gesicht zu, das, gegen die Scheibe eines der nun geschlossenen Galeriefenster gepresst, zu mir herunterspähte. Dann sah ich Hurst auf der Brücke stehen.

»Wer ist sonst noch gekommen?« Mir war kalt.

»Bisher niemand«, sagte er, als wir hineingingen.

»Ich muss mir das Gesicht eingebildet haben«, erklärte ich Hurst.

»Wahrscheinlich war es das Spiegelbild einer vorbeifliegenden Eule.« Hurst klang entspannt.

»Hurst«, ich hatte beschlossen, es einzugestehen, »ich habe Angst.«

»Natürlich«, sagte er. »Wir haben alle Angst. Wir müssen damit leben. Morgen kommen Russell und Jane. Sie haben es durch London geschafft. Ich schlafe heute Nacht in dem Zimmer gegenüber von deinem. Du bist übermüdet, es ist einfach die Anstrengung.«

Ich ging ins Arbeitszimmer und lieh mir für den Abend einen Conrad aus. Jedes Buch, das ich je besessen hatte, stand hier, und etliche Tausend mehr. Auf dem Schreibtisch sah ich ein Foto von Julian. Das bärtige junge Gesicht lächelte. In dieser Nacht döste ich mehr, als dass ich schlief. Obwohl ich die Vorhänge geöffnet hatte, war die Dunkelheit bedrohlich. Böse Ahnungen erfüllten das Zimmer. Ich hörte Hurst umhergehen, durch die Verbindungstür drang ein Lichtstrahl. Als der Morgen dämmerte, sagte ich mir, dass diese beklemmenden nächtlichen Ängste, ein Überhang aus meiner Kindheit, eine Folge meiner inneren Anspannung gewesen waren, die sich jetzt schließlich und endlich löste.

Russell kam mit meinem Frühstück herein.

»Jane schläft noch. Wir sind heute Morgen gegen fünf angekommen.«

Er sah jünger aus, als ich ihn in Erinnerung hatte. »Lieber, lieber Russell«, sagte ich. »Was bin ich froh, dass ihr durchgekommen seid.«

»Ich bin ein gerissener Bursche«, sagte er grinsend. »Ich kann durchs Feuer gehen, wusstest du das nicht?«

»Oh nein, bitte.« Beim Gedanken an das Feuer schloss ich die Augen. Ich hatte zugesehen, wie sie sich mein Haus vorgenommen hatten, ganz methodisch.

»Man darf es nie vergessen«, sagte Russell. »Ich halte es mir stets gegenwärtig. Dadurch bin ich immer auf der Hut. Zu wissen, dass Gefahr dräut, hilft mir, rascher zu handeln. Die Probleme fangen in dem Moment an, wo man versucht zu vergessen. Da setzen sie an: im unbedachten Augenblick.«

»Du meinst, ich muss mich erinnern?«

»An jede kleinste Kleinigkeit. Was du weißt, das schützt dich.«

Als ich durch den Galerieraum nach unten ging, spielte Russell auf Hursts Blüthner-Klavier Bach. Hurst kam aus seinem Atelier. »Willst du mit ins Dorf? Ich gehe ein paar Vorräte besorgen. Du solltest noch nicht versuchen zu arbeiten. Lass erst die Müdigkeit abklingen.«

Das Dorf, auf einem Hügel gelegen, bot einen weiten Blick auf das wellige Umland. Es war ein herrlich warmer Septembertag. Auf der Hauptstraße wurde Hurst auf Schritt und Tritt gegrüßt.

»Warum bist du so gut geschützt?«

»Ich bin der Müller, wusstest du das nicht?« Er lächelte. »Natürlich nur symbolisch. Ich horte die Lebenskraft – das Korn.«

Eine Frau mittleren Alters stieg in den Teich und scheuchte die Enten auf. Sie schüttelte sich wie ein Hund, als sie wieder aus dem Wasser kam, blieb vor uns stehen und spuckte Hurst an. Er gab ihr etwas Geld. Drei Jungen folgten ihr eine Weile und verhöhnten sie, während sie im Zickzack auf die Kirche zuhielt.

»Hurst, das war doch nicht …?« Ich brachte es kaum über die Lippen.

»Doch«, sagte er. »Ihre Kinderbücher waren zu phantasievoll, sie konnten sie nicht gewähren lassen.«

»Hätten wir nicht –?« Ich wusste gar nicht so recht, was wir hätten tun sollen.

»Gar nichts«, sagte Hurst. »Sie kampiert mit ein paar von den anderen in der Kirche. Sie erinnert sich an wenig, höchstens vielleicht an das Feuer, deshalb steigt sie jeden Morgen in den Teich, um auszulöschen, was ihr an Erinnerung noch geblieben ist. Sie ist jetzt keine Bedrohung mehr für sie.«

Der Anblick, der uns bei unserer Rückkehr in Hursts Garten erwartete, war seltsam fremd, auf einem rechteckigen Holztisch war fürs Mittagessen gedeckt. Eine festliche Szene, wie eine Kindheitserinnerung.

»Ah, Jane!« Ich begrüßte sie und achtete darauf, nicht auf ihren rechten Arm zu schauen.

»Ich schreibe wieder Gedichte.« Ihre Stimme klang freudig.

»Sie ist jetzt eine versierte Linkshänderin.« Russell

küsste sie. »Was habe ich für eine tolle, geschickte Frau!«

»Ich glaube tatsächlich sogar, dass meine linke Hand kreativer ist.« Sie war hörbar stolz.

Als sie Janes Gedichte ins Feuer geworfen hatten, war sie instinktiv vorgestürmt: Acht Minuten lang hatten sie ihren rechten Arm über die Flammen gehalten. Russell hatte anders reagiert. »Die habt ihr noch vergessen«, hatte er gesagt und seine erst kurz zuvor abgeschlossene Fuge ins Feuer geschleudert.

Nach dem Mittagessen schlug Hurst vor, eine Runde spazieren zu gehen. Ich war träge und beschloss, dazubleiben. »Ich erwarte euch mit dem Tee, wenn ihr wiederkommt«, sagte ich.

Ich machte mich daran, den Tisch abzudecken, trug die Sachen in die Mühle. Drinnen spülte ich ab und deckte schon mal für den Tee. Ich ging nach oben, um mich frischzumachen. Dann spazierte ich versonnen durch die oberen Räume. Der Charakter der Mühle war überall greifbar. Alles war so schön, jeder Gegenstand eine Überleitung zum nächsten. Ich war mir der Bücher, der Gemälde, der Musik und der Baumwipfel, die ich durch die Fenster sah, außerordentlich bewusst. Alle Fenster waren offen, und das Wasser plätscherte in meinen Ohren. Dann überfiel es mich, ein klammer, kalter Schweiß legte sich auf meine Schultern, rann mein Rückgrat hinab. Eine unsichtbare Bedrohung lähmte mich. Ich stand mit dem Rücken zu einem der offenen Fenster. Ich sah zur Galerie hinauf. Nichts. Dann hörte ich ein Krachen, über meinem Kopf. Ich stieg die Leiter hoch. Eine unwirkliche Stille ließ mich zögern, ehe ich in den benachbarten Raum trat. Ein Gemälde war heruntergefallen. Ich hob es auf, lehnte es gegen die Wand. Langsam ging ich durch alle anderen Räume, dann kehrte ich über die Treppe wieder nach unten in den Galerieraum zurück. Ich verbot mir jede Eile. Ich ging nach unten, dann in den Garten hinaus. Als ich auf der Brücke stand, wusste ich, dass mir jemand gefolgt war. Ich schaute der Reihe nach zu allen Fenstern hoch. Eines war jetzt geschlossen. Ich setzte mich in einen Liegestuhl mit Blick auf die Mühle, für etwa eine halbe Stunde. Dann hatte ich mein inneres Gleichgewicht wiedergefunden, ging zum Geräteschuppen, fand die Gartenschere und fing an, die verblühten Rosenblüten abzuschneiden.

Nach dem Abendessen gingen wir mit unserem Kaffee und Wein in den Galerieraum hinauf. Hurst schloss alle Fenster. Wir unterhielten uns über die alten Zeiten und über gemeinsame Freunde. Das Geräusch war so leise, dass ich erst dachte, ich hätte es mir nur eingebildet. Russell stand auf und horchte.

»Sie nehmen sich das Boot«, sagte Hurst. »Das machen sie regelmäßig. Und dann bringen sie es wieder zurück. Ich ignoriere beides.«

»Warum?«, fragte ich.

»Ein belangloser Hinweis auf ihre ständige Gegenwart.« Hurst sah aus dem Fenster. »Ja, es ist weg.« Er lachte. »Wir werden eine ruhige Nacht haben.«

»Aber dieses Haus ist sehr groß, es gibt viele Zimmer in der Mühle.« Meine Stimme war dünn.

»Ich gehe alle drei Stunden durch sämtliche Zimmer«, sagte Hurst.

»Meinst du nicht, dass sie das wissen?«, fragte Jane.

»Mit einer gewissen Wachsamkeit rechnen sie sicher«, erwiderte Hurst.

»Wo ist Russell?« Jane war angespannt.

Wir rannten in verschiedene Richtungen los. Hurst hielt uns auf. »Wir müssen gemeinsam nach ihm suchen.« Keiner von uns kam auf die Idee, seinen Namen zu rufen. Unten stellten wir fest, dass die Haustür offen war. Russell stand auf der Brücke. Jane rannte zu ihm. Er drückte sie fest an sich. »Alles in Ordnung«, sagte er. »Nur ein Schatten vom Feigenbaum.«

»Hurst.« Ich packte ihn am Arm. »Wäre es nicht besser, ihnen die Stirn zu bieten?«

»Es geht ums Überleben, nicht um Selbstmord.« Er lächelte. »Die Nester werden mehr. Das ist entschlossen dargebotener passiver Widerstand. Die Wirkung wird sich summieren.«

»Haben wir denn die Geduld, ganz zu schweigen von den Nerven, das durchzustehen?« Ich war der Hysterie nahe.

»Vielleicht stehen wir es nicht durch, aber wir müssen so kreativ sein, wie die verbleibende Zeit es nur zulässt.«

»Halten wir da nicht Gräber am Leben?«

»Ja, Gräber voller Schätze, so wie diese Mühle.« Sein

Ton war fast selbstgefällig. »Hüter des Grals, wenn ihr so wollt.« Er zündete seine Pfeife an. »Vergesst nicht, dass ich der Müller bin. Wir können alle dazu beitragen, den Schatz zu mehren, so kurz die Zeit auch sein mag. Nicht alles kann zerstört werden. Einiges wird für die, die nach uns kommen, erhalten bleiben.«

»Ich fühle mich überhaupt nicht tapfer, Hurst. Ich würde ihnen lieber die Stirn bieten, Widerstand leisten.«

»Eine Verschwendung schöpferischer Energie«, sagte er. »Denk daran, was passiert ist, als du es getan hast.«

»Aber ich habe mich nicht gewehrt. Ich habe einfach nur dagestanden und zugesehen, wie sie alles zerstört haben.«

»Sie haben dich gehen lassen. Du hattest Glück, genau wie Jane und Russell.«

Ich erinnerte ihn daran, dass sie Julian nicht hatten gehen lassen.

»Lerne die Angst zu besiegen«, sagte Hurst.

»Aber es ist überall.« Ich war nervlich am Ende. »Auch in dieser Mühle. Ich weiß, dass es hier ist.«

»Ja, es ist hier. Aber man kann damit leben. Man muss damit leben. Ich habe es jedenfalls vor. Komm, wir machen frischen Kaffee.« Wir gingen hinein und wieder in den Galerieraum hinauf.

»Morgen arbeiten wir alle«, sagte Jane. »Da wirst du dich stärker fühlen.«

»Ich glaube nicht, dass ich wieder arbeiten kann«, sagte ich. Dann sah ich ihn, er schaute von der Galerie aus zu uns herunter.

»Guten Abend, Hurst«, sagte er, als er die Leiter hinunterstieg. »Du hast wieder Gäste, wie ich sehe.«

»Kaffee?« Hurst war distanziert.

»Nein danke, ich bin am Gehen.« Er sah uns der Reihe nach an. »Lasst euch nicht stören. Das ist nur eine Routinekontrolle.« Sein Blick huschte zu Janes Arm. »Ihr seid durch London gekommen, wie ich höre?«

»Es lag auf dem Weg«, antwortete Russell ruhig.

»Bedauerliche Zerstörung, keine Frage, aber notwendig. Wir werden wieder bauen müssen. Diesmal in einem offenen Stil. Bessere Gemeinschaftseinrichtungen. Keine in sich abgeschlossenen Einheiten.«

»Ja, wir werden wieder bauen.« Russell forderte ihn heraus.

»Schade um deine Musik«, sagte er. »Hat mir durchaus gefallen. Jetzt will ich euch aber nicht noch mehr von eurer gemeinsamen Zeit nehmen. Du musst mich nicht rausbringen, Hurst, ich kenne den Weg.«

Wir hörten die Tür hinter ihm zuschlagen.

»War das eine Warnung?«, fragte Jane.

»Ich denke schon«, sagte Hurst.

Wir hörten, wie ein Wagen angelassen wurde und wegfuhr. Wir horchten ihm nach, bis das Motorengeräusch in der Ferne verschwunden war.

»Können wir so denn weitermachen?«, fragte ich.

»Oh ja«, sagte Jane, »jetzt sogar noch besser. Es gibt keine Alternative.«

»Wie wär's mit ein paar munteren Weisen?« Russell setzte sich ans Klavier und spielte ein Medley alter sentimentaler Stücke. Hurst schenkte Wein nach. Jane und ich sangen. Als wir zu Bett gingen, waren wir von unserer Anspannung befreit.

Neun Tage lang arbeiteten wir auf unserem jeweiligen Gebiet, regten uns gegenseitig an mit unserer neu gewonnenen Energie. Der äußere Druck gab unserem Schaffen Kraft und Geschwindigkeit. Das Boot wurde zurückgebracht und wieder am Ufer vertäut. Zwischen intensiven Arbeitsphasen spielten wir Schach, bestellten den Garten, lasen, hörten Musik und schwammen in den Kanälen. Wir kamen überein, Hursts Grund und Boden nicht zu verlassen. Das Wetter wechselte. Regen hielt uns im Haus. Wir spielten Tischtennis im ehemaligen Spielzimmer der Zwillinge.

»Können wir denn auf die Dauer nur für uns selbst kreativ sein? Ohne Kontakt zur Außenwelt?«, fragte ich Jane, als sie mir beim Spielen einer komplizierten Patience zusah.

»Die jahrhundertealte Frage.« Dann fügte sie leise hinzu: »Ich glaube, sie sind wieder da.«

Hurst und Russell spielten gerade Schach.

»Woher weißt du das?« Ich räumte meine Karten zusammen.

Sie trat ans Fenster. »Es sind drei. Für jeden von uns einer.«

»Aber wir sind vier, mit Hurst«, sagte ich.

»Ohne ihn drei«, sagte Jane.

Ich verspürte keine Angst. »Sollen wir versuchen, hier wegzukommen, oder bleiben?«, fragte ich.

»Wir bleiben.« Jane war entschieden.

Ich stellte mich neben sie ans Fenster. »Von hier aus sehen sie ziemlich klein aus«, sagte ich. »Weiß Hurst Bescheid?«

Jane sah mich an. »Er hat sie herbestellt. Hast du noch nicht erraten, welche Funktion er hat? Der Müller?«

Ich hatte einen Moment der Klarheit. »Natürlich!«, sagte ich. »Und wir sind in den Elfenbeinturm hineinspaziert. Wir sind seine Geiseln.« Mir war zum Lachen zumute. »Ein Pfand nicht für das Schicksal, sondern für die Toten, für Julian.« Mir kam ein anderer Gedanke. »Wusstet ihr das, als ihr gekommen seid?«

»Ich schon«, sagte Jane. »Ich habe es Russell auch gesagt. Aber er hielt es für unwichtig.«

»Das ist doch irrational«, protestierte ich.

»Ganz und gar nicht. Ein rationaler Handel. Er behält unsere Werke. Sie bekommen uns. Dafür sind Hursts Schätze in Sicherheit.«

»Und wir mehren sie noch?«

»Man könnte sagen, dass Hurst uns die Gelegenheit gibt, seine Schätze zu mehren.«

»Und nach uns kommen andere Gäste?«

»Natürlich, das Grab muss ständig weiter bereichert werden.«

»Hüter des Grals.« Hursts Bild fiel mir wieder ein. »Aber er mag uns doch.«

»Oh ja, er mag uns sehr. In uns lebt das fort, wofür Julian stand.«

Ich erschauerte. »Du meinst, er …?«

»Na ja, er hat die Mühle gerettet, nicht Julian.«

»Schach.« Hursts Stimme schnarrte. Er stand auf. »Gut, dass ihr von selbst darauf gekommen seid. So habe ich weniger zu erklären. Ich war mir fast sicher, dass ihr den logischen Schluss ziehen würdet.«

»Und wann kommen sie dich holen, Hurst?«, fragte Russell.

»Wenn ich tot bin, werden sie mich ersetzen.« Er entfernte sich von uns, ging die Treppe hinunter. Wir hörten, wie er die Haustür öffnete.

Russell öffnete die Fenster. Es hatte aufgehört zu regnen.

»Hallo Liebster.« Jane gab Russell die linke Hand.

Wir hörten sie die Treppe heraufkommen.

EIN KÖRNCHEN UNBEHAGEN

Der Januartag hatte die Klarheit von Kristall. Unzeitgemäßer Sonnenschein verwandelte die Landschaft. Die winterliche Kargheit gewann an Kontur. Nach wochenlangem Regen wirkte diese Schärfe belebend. Die Downs leuchteten farbig. Bräunliche, entlaubte Bereiche glitzerten in Lilatönen. Blattlose Brombeerhecken und Dickichte funkelten in neuem Knospen. Der durchweichte Grasboden unter meinen Füßen fühlte sich an wie Moos. Ich sah in das strahlende Blau des Himmels, das Rundungen und Schrägen rahmte. Es war gut, am Leben zu sein. Mein Hund scharrte an einem Erdloch, witterte ein Tier im Winterschlaf. Ich atmete tief durch und ging langsam in Richtung des höchsten Hügels. Eine Lerche zwitscherte über mir, flog rasch nach oben und sauste dann mit ausgebreiteten Flügeln in lautlosem Sturzflug senkrecht hinab. Ich pfiff anerkennend. Die Lerche wiederholte ihr akrobatisches Kunststück.

An einer Biegung des schmalen Wegs traf ich den alten Mann mit dem knochigen Terrier. »Ein prächtiger Tag«, sagte er, während er zur Seite trat, um mich vorbeizulassen. Unsere Hunde lieferten sich einen Schaukampf. Ich konnte das Dorf und den Fußballplatz sehen. Gestalten in roten und blauen Trikots rannten zwischen den Tornetzen hin und her.

Von ganz oben blickte ich auf das Meer hinunter, eine Landkarte der Ruhe. Goldene Sonnenpfade führten von den Uferfelsen bis zum Horizont. Als Kind hielt man es für möglich, diese illusionären Wege entlangzulaufen. Ich schaute mich noch einmal nach dem alten Mann um. Er ging bergab. Ich sah, wie er stolperte und fiel. Ich war im Begriff, zu ihm zu rennen, doch er rappelte sich wieder hoch und ging weiter, nicht mehr ganz so munter, der Terrier dicht hinter ihm. Dann sah ich sie, sie standen auf der gegenüberliegenden Anhöhe. Eine geordnete Kolonne, jeder mit einem Stab in seiner jeweiligen Körpergröße. Mit bedachtsamer Akkuratesse lösten sie die Formation auf und strömten hangabwärts, wobei sie ein Zickzackmuster beschrieben, bei dem ihre Wege sich immer wieder kreuzten, bis sie unten angelangt waren. Es war eine Übung. Ich hörte die Lerche wieder trällern, blickte diesmal aber nicht auf.

Ich konzentrierte mich ganz auf den strahlenden Winternachmittag und lief weiter bis zur Alten Pfarrei, die in der letzten Senke der Downs lag.

»Hallo«, sagte Julian. »Du kommst pünktlich zum Tee.«

Fion kam angerannt, um mich zu begrüßen, gefolgt von Mutley, seinem zottigen Schäferhund, der sich sofort ans Werk machte und meinen Hund, ohne ihn zu berühren, wieder in den Garten hinaustrieb.

»Meine Schildkröte ist aufgewacht«, sagte Fion. »Komm, ich zeig sie dir.« Er legte seine kleine Hand in meine.

»Später, Fion«, sagte Olwen, einen Teller Scones in der Hand; sie schob den Jungen ins Wohnzimmer.

Nach dem Tee erzählte ich ihnen von der Übung und dem Sturz des alten Mannes.

»Frühlingsriten – vorzeitig und somit ein Anstoß für den primitiven Aberglauben des alten Mannes, daher der Sturz, eine Art andächtige Ehrfurcht«, sagte Julian.

»Schatz«, sagte Olwen, »wir sind nicht deine Schüler. Lass das Theoretisieren.«

»Mutley hätte sie zusammengetrieben.« Fion war ganz aufgeregt.

Um die Anspannung zu lösen, sagte ich zu Fion: »Zeig mir deine Schildkröte.«

»In der Schule gefällt es mir dieses Jahr nicht so gut.« Fion stopfte noch mehr Stroh rund um den Rückenpanzer im Karton. »Alle sind so mürrisch. Und es gibt keine Geheimnisse.«

»Geheimnisse?« Ich lächelte ihn an.

»Ich habe keinen besten Freund mehr. Niemand will mehr Geheimnisse hören. Ich bin unheimlich gut in Geheimnissen. Jetzt muss ich sie Mutley erzählen.« Fion seufzte. »Das fehlt mir schon, ein bester Freund.«

Ich blieb zum Abendessen. Später bot mir Julian an, mich nach Hause zu fahren.

»Vergiss nicht«, sagte Olwen, als sie mir zum Abschied einen Kuss gab, »du kannst jederzeit zu uns kommen.«

»Machst du dir Sorgen, Julian?«, fragte ich im Auto.

»Sagen wir, ich nehme Witterung. Mehr nicht. Bislang ist das alles noch zu vage.« Er wischte über die beschlagene Fensterscheibe. »Ich habe keinen Grund, mich zu beklagen, von Kleinigkeiten abgesehen. Ein paar Streichungen, eher Vorschlag als Weisung. Beunruhigt bin ich wegen der Studenten. Wobei ich auch da keinen konkreten Anhaltspunkt habe. Nur eine allgemeine Lethargie – ungewöhnlich am Anfang eines neuen Trimesters.«

Schweigend fuhren wir weiter. Die Nacht war sternengesprenkelt. Hell, etwas frostig. Ein paar schaukelnde Lichter auf dem Meer ließen auf Fischkutter schließen.

»Du hast einen guten Blick von hier aus.« Julian schaute aufs Meer, während er vor meinem Cottage anhielt.

Die Häuserreihe wirkte freundlich. Hier und da waren noch Fenster erleuchtet. Mein Garten zeichnete sich im hellen Mondlicht deutlich ab. Ich entdeckte weitere junge Triebe, die vorzeitig aus der Erde sprossen, und frische Schösslinge an den Sträuchern. David, mein Nachbar, stand vor meiner Haustür. Im ersten Moment erkannte ich ihn gar nicht. Er schwenkte einen Milchkrug. »Ich habe keine mehr«, sagte er.

Ich ließ uns beide ein, goss Milch in seinen Krug

und bot ihm einen Tee an, den er gern annahm. Wir plauderten über dies und das, priesen den Wetterwechsel. Ich bot ihm mehrere Gelegenheiten, mir zu sagen, warum er auf mich gewartet hatte, aber er ignorierte sie alle. Als er gegangen war, fühlte ich mich plötzlich müde. Das schöne Wetter war verfrüht und seltsam unpassend. Mein Telefon klingelte. Es war David. »Ich habe ganz vergessen, dir zu erzählen –«, sagte er, »dieser alte Mann mit dem struppigen Hund. Er ist gestorben.« – »Das tut mir leid«, sagte ich. – »Wahrscheinlich ein Herzinfarkt. In der Nähe vom Fußballplatz. Er war vorher in den Downs spazieren.« – »Und sein Hund?«, fragte ich. – »Der ist weggelaufen.« – »Ungewöhnlich!«, sagte ich.

Ich versuchte zu arbeiten. Ich schrieb zwei Seiten und zerriss sie wieder. Draußen schrie jemand. Ich eilte hinaus. Mary, meine andere Nachbarin, stand vor meinem Gartentor. Sie zeigte nach unten. Der Terrier des alten Mannes, tot. Ich scheuchte meinen Hund fort, bückte mich und berührte das tote Tier. Es war noch warm. Sein Genick war gebrochen.

»Warum haben sie ihn hierhingelegt?«, fragte Mary, als ich sie beruhigt hatte.

Ich ließ die Frage unbeantwortet. Sie sah zu, wie ich einen Sack holte, ihn dem toten Hund umlegte und diesen dann in den Gartenschuppen trug. »Ich sage dem Tierarzt Bescheid, der soll ihn morgen fortschaffen.« Ich fragte mich, was ich an diesem Nachmittag gesehen, aber nicht wahrgenommen hatte.

»Sehr professionell«, sagte der Tierarzt, als er den toten Hund untersuchte. »Wenigstens hat er nicht gelitten. Ein Knacks, und das war's. Abscheulich, Ihnen den so vors Gartentor zu legen. Irgendein Rüpel, nehme ich an. Ich habe gehört, der alte Mann sei gestern gestorben. Besser so. Das hätte ihm das Herz gebrochen.«

»Angeblich ist der Hund weggelaufen.«

»Erstaunlich«, sagte der Tierarzt.

»Fand ich auch.«

»So viel Grausamkeit heutzutage. Gegenüber Tieren, meine ich.« Der Tierarzt wusch sich die Hände. »Ohne Sinn und Verstand.«

»Ich weiß nicht«, sagte ich, »ob sowas wirklich ohne Sinn und Verstand geschieht.«

»Na denn«, der Tierarzt stand an der Tür. »Muss weiter. Wieder ein schöner Tag heute. Etwas kälter allerdings.«

Ich sah zu, wie er den Sack zum Kofferraum seines Kombis trug. Am Nachmittag ging ich wieder in die Downs. Der Wind trieb mir Tränen in die Augen. Zum Schutz setzte ich meine dunkle Sonnenbrille auf, sie hatte geschliffene Gläser. Wolken verfinsterten die Sonne. Direkt hinter dem Fußballplatz, am Anfang des Wegs, der über den Hügel führte, stand ein großes Schild: *ACHTUNG! EXERZIERÜBUNGEN*. Ich kehrte um und lief auf der Küstenstraße nach Hause. Das Meer war grün und sah eiskalt aus. Möwen zogen endlose Kreise, übers Land und wieder zurück aufs Meer. Vor meinem Cottage saß Olwen in ihrem Auto.

Drinnen berichtete ich ihr die Neuigkeiten von dem alten Mann und seinem Hund.

»Vergiss es«, sagte sie. »Am besten nimmt man keine Notiz von diesen Dingen.«

Ich äußerte Verwunderung.

»Sonst fängt man an, eins und eins zusammenzuzählen. Julian macht das andauernd. Winzige Dinge, Belanglosigkeiten, Auslassungen, Widersprüche, Mehrdeutigkeiten. Er sucht ständig nach Gründen. Und die befriedigen ihn dann nicht. Das können sie auch gar nicht, weil sie nicht stimmig sind. Seine Studenten leihen seine Bücher nicht mehr aus, und das verärgert ihn. Er befragt sie, bohrt nach. Aber sie starren ihn bloß an.«

»Und dich verunsichert das gar nicht?«

»Ich sage ihm, dass er seine Energie für seine eigene Arbeit nutzen soll und für uns. Fion ist auch schon irritiert. Ich ermuntere ihn, sich in seiner Phantasie damit zu beschäftigen. In der Schule darf er das jetzt nicht mehr oder vielmehr findet er kein Publikum mehr für seine Geschichten.«

»Willst du sagen, dass …«

»Ich will gar nichts sagen, außer dass man keine Notiz nehmen sollte von …«

»… all diesen Hinweisen?«, beendete ich ihren Satz.

»Wenn du so willst.« Ärger blitzte aus ihren grünen Augen. »Es ist ansteckend.«

»Und wir müssen gesund bleiben?« Ich verwendete das Adjektiv ironisch.

»Die Kontrolle behalten«, sagte Olwen, und dann

in etwas leichterem Ton: »Einen kühlen Kopf bewahren.«

»Trotzdem gibt es gewisse Rätsel?«, wagte ich mich vor. »Der alte Mann und sein Hund?«

»Unsinn! Ein zufälliges Zusammentreffen. Das eine ein natürliches Ereignis, das andere eine Tat ohne Sinn und Verstand.« Sie verwendete den gleichen Ausdruck wie der Tierarzt.

»Olwen, wir können uns doch sicher Geheimnisse anvertrauen, du und ich? Ich meine, die Wahrheit?«

»Das müssen wir gar nicht. Wir kennen sie. Können sie ruhen lassen.«

Ich drängte noch etwas weiter. »Uns fügen?«

»Passiver Widerstand.« Olwens Stimme war hoch.

»Unwissenheit ist ein Segen, willst du das sagen?«

»Hol dich der Teufel!«, sagte sie. »Ich habe zwei Menschen, um die ich mir Sorgen machen muss.«

»Ah ja, tut mir leid«, sagte ich. »Ich habe nur meine eigenen Befürchtungen.«

Sie streckte mir ihre Hand hin. Ich nahm sie.

»Sie wollen, dass wir uns sorgen«, sagte sie.

Wir wandten uns wieder trivialeren Gesprächsthemen zu.

»Falls du je«, Olwen zögerte, während sie in ihr Auto einstieg, »je eine Veränderung brauchst, vergiss nicht, dass es die Alte Pfarrei gibt. Wir sind nicht weit weg.«

»Ich vergesse es nicht.« Ich winkte ihr nach.

Später kam David vorbei, um mir Ersatz für die geliehene Milch zu bringen. Ich verstand das so, dass er ein bisschen plaudern wollte. Ich schenkte ihm einen Drink ein.

»Du hast Glück«, sagte er, »dass du zu Hause arbeiten kannst. Dich nicht mit anderen Leuten abgeben musst.«

Ich widersprach nicht.

»Ich bin fix und fertig!«, sagte er. »Nichts läuft, wie es soll, allerdings läuft auch nichts wirklich schief. Soll heißen, könnte man doch zwischen Arbeit und Freizeit eine Tür schließen – wenn du verstehst, was ich meine. Aber das geht halt nicht. Die Heimfahrt ist mörderisch. Mürrische Gesichter, finstere Blicke, und natürlich weiß man nie, womit man rechnen muss.« Er nahm einen weiteren Drink an. »Ich bin hierhergekommen, um dem zu entkommen, dem Druck, meine ich. Die Gegend hier ist sicher.«

»Vergleichsweise schon.« Ich versuchte ihn zu beruhigen. Als ich ihm gerade ein drittes Glas einschenken wollte, sah ich den Krankenwagen vor Marys Haus vorfahren. David und ich eilten hinaus, bereit zu helfen. Die Hecktür wurde geöffnet. Eine Krankenschwester half Mary heraus. Marys Gesicht war ausdruckslos, sie nahm uns nicht zur Kenntnis.

»Was ist denn passiert?«, fragte ich.

»Sie ist desorientiert.« Der Fahrer war kurz angebunden.

Wortlos gingen wir wieder hinein. Wir wussten nur zu gut, was das bedeutete. Ein, zwei Tage lang würden sie kommen und sie versorgen. Danach würde sie fortgebracht werden. Es war eine verbreitete Krankheit, die offiziell als unheilbar galt.

»Mal sehen, wer unser neuer Nachbar wird«, sagte David. Sachlich, nicht gefühllos.

Regen setzte ein und hielt die nächsten zwei Wochen an. Nachts hörte ich Nebelhörner. Der neue Nachbar war ein junger Mann. David versuchte Bekanntschaft mit ihm zu schließen, doch vergebens. Meine Versuche waren auch nicht erfolgreicher. Er ging morgens um neun aus dem Haus und kam abends um sechs wieder. An den Wochenenden sahen wir ihn teilnahmslos seine Einkäufe tätigen und am Strand allein spazieren gehen. Wenn es regnete, saß er mit dem Rücken zum Fenster. Er war eindeutig desensibilisiert worden.

Ich lief über die Küstenstraße zur Alten Pfarrei. Die Downs waren abgeriegelt. *Zutritt verboten*, stand auf dem Schild.

»Wie geht's der Schildkröte?«, fragte ich Fion.

»Er hat jetzt eine Frau«, sagte Fion. »Sie sind in den Garten umgezogen. Wir können nicht mehr in die Downs. Mutley gefällt das gar nicht.«

»Julian hat um eine Freistellung gebeten«, sagte Olwen, »und sie ist bewilligt worden. Das ist ein Segen, auch wenn er sich garantiert um seine Schüler sorgen wird, allerdings sind die meisten eh schon abgedriftet.«

»Olwen spielt das Ganze immer noch herunter«, sagte Julian, als er ins Zimmer kam. »Hast du schon das Neueste gehört?«

»Heute noch nicht«, sagte ich.

»Wir sind neu eingestuft worden. Wir sind keine sichere Gegend mehr.« Er griff nach dem Schachbrett. »Wie wär's mit einer Partie?«

»Waren wir denn je wirklich sicher?«, fragte ich.

»In Maßen.« Julian stellte die Figuren auf.

Ich fasste einen Entschluss. »Ich werde mir die Downs anschauen«, sagte ich.

»Bist du wahnsinnig?«, fauchte Olwen.

»Warum nicht?« Julian schob die Figuren wieder vom Brett. »An dem Zugang im Wäldchen steht noch kein Schild. Wir können einfach behaupten, wir hätten uns verirrt – falls wir befragt werden.«

»Du gehst da nicht hin!«, schrie Olwen.

»Wir müssen«, sagte Julian. »Wir müssen alle Gelegenheiten nutzen, selbst die Beschränkungen.«

»Du brauchst mich nicht zu begleiten«, sagte ich.

»Oh doch, das muss er«, sagte Olwen scharf. »Er muss den Möglichkeiten ins Auge sehen.«

Im Überschwang unseres Leichtsinns marschierten wir in das kleine Wäldchen hinter der Alten Pfarrei. Die Bäume hatten schon reichlich Knospen angesetzt, obwohl der Frühling noch einige Wochen entfernt war. Wir erreichten das kleine eingefasste Schwingtor, durch das man in die Downs gelangte. »Komm, wir gehen zu zweit durchs Tor, das bringt Glück«, sagte ich. Wir stiegen den ersten Hügel hinauf und blieben oben stehen. Wir konnten die Downs überblicken. Linker Hand das Meer. Über uns Lerchen, die emporstiegen und wieder herabstießen. Keine Menschenseele war zu sehen. Wir lachten vor Erleichterung, fassten uns bei der Hand und rannten den Hang hinunter. »Hätte ich nur meinen Hund mitgenommen.« Ich hatte ihn in Fions Obhut gelassen. Ab und zu kam die Sonne heraus, färbte mal hier, mal da eine Fläche ein. Wir liefen Meile um Meile, hinauf und hinunter, hinunter und wieder hinauf, atmeten die Weite der menschenleeren Landschaft.

»Wir könnten leicht die letzten Menschen auf der Erde sein«, sagte ich.

»Komm.« Julians Stimme war voll froher Erleichterung. »Noch einmal bergauf und dann heim, zum Tee.«

Wir drehten uns um. Da standen sie, auf der Anhöhe. Wir blickten hinter uns. Eine weitere Kolonne, jeder mit einem Stab in der jeweiligen Körpergröße. Sie setzten sich bergab in Bewegung, mit bedachtsamer Akkuratesse.

»Gib mir wieder die Hand«, sagte Julian. »Wir müssen weitergehen wie geplant, wieder nach Hause.«

Sie lösten wie in Zeitlupe die Formation auf und strömten auf uns zu, wobei sie ein Zickzackmuster beschrieben, bei dem sich ihre Wege immer wieder kreuzten.

»Wenn wir Glück haben, liegen wir außerhalb der Symmetrie ihrer Bewegung«, sagte Julian.

Wir spürten sie, während eine Reihe nach der anderen an uns vorbeilief. Luftschwalle trafen uns, wenn sie, ihrem komplexen Bewegungsmuster folgend, an uns vorbeizogen. Ich stolperte. Julian riss mich unsanft wieder hoch. »Wir dürfen unseren Kurs und unsere Geschwindigkeit nicht im Geringsten ändern«, sagte er.

Während wir den Pfad hinaufgingen, waren wir auf allen Seiten von ihnen umgeben, sie wichen keinen Zoll von ihrem strikten Exerziermuster ab. Und es kamen immer wieder Neue nach. Sie folgten ihren sich kreuzenden Wegen, gnadenlos langsam und in perfekter Übereinstimmung. Ich schwitzte. Ich war müde. Ich brauchte eine Pause. Julian trieb mich weiter. In der Ferne sah ich das kleine Schwingtor. Eine weitere Mannschaft begann ihren Abstieg. »Sieh dich nicht um«, sagte Julian. »Halt dich an den natürlichen Verlauf unseres Weges.« Als einer der Männer sich haarscharf an meinem Körper vorbeischob, sah ich seinen Stab: Er glänzte wie Stahl. Ich presste die Arme fester an meinen Oberkörper, hatte Angst, gegen einen der Stäbe zu stoßen. Die absolute Präzision, mit der die Nachkommenden die Bewegungen der bereits Abgestiegenen wiederholten, war monströs. Ich erhaschte Blicke auf Augen, Köpfe, Brustkörbe, Arme, Beine und immer wieder die glänzenden Stahlstäbe. Ich sah die letzten drei von ihnen in unsere Richtung schwenken. Einer ging rechts an uns vorbei, einer links. Julian stieß mich rasch von sich weg, und im nächsten Moment marschierte der dritte stracks durch den so entstandenen Zwischenraum.

Wir erreichten das Schwingtor. »Sieh dich nicht um«,

sagte Julian. »Wir dürfen nicht neugierig erscheinen.« Es klang albern.

Ich stand auf der anderen Seite des Tors und zitterte vor nachträglicher Angst. »Spielerglück!« Meine Ausgelassenheit war pure Hysterie. »Eine Haaresbreite hier, eine Haaresbreite da, schon hätten wir in der Falle gesessen.« Plötzlich dämmerte es mir. »So ist der alte Mann ums Leben gekommen. Gelähmt vor Angst.«

»Genau!« Julian zündete mir eine Zigarette an. »Und das kann jederzeit und überall passieren.«

»Und der tote Hund vor meinem Gartentor?«

»Eine Warnung«, sagte Julian. »Oder anders gesagt: ein Schach.«

»Aber kein Matt – wir haben uns gerettet«, sagte ich stolz.

»Vorerst schon«, sagte Julian. »Komm, lass uns nach Hause gehen und einen Tee trinken.«

DAS SCHÖNE TAL

Wir standen ganz still. Alles war vom Sommer durchdrungen. Wir waren beim viktorianischen Viadukt abgebogen, im Wald langsam aufgestiegen, bis der Boden wieder abfiel und wir das Tal vor uns sahen. Weizenfelder leuchteten warmgelb in der Sonne des Augustnachmittags. Die Üppigkeit der eingehegten Felder war unerwartet. Ich ging vorne, Rick hinter mir und mein Hund am Ende. Der Pfad war schmal und von Dornengestrüpp, Wildblumen und Brombeeren am Waldrand überwuchert. Wir überquerten ein Feld, ließen den Wald hinter uns. Es hatte einen Moment der Angst gegeben. Der Mann auf dem Falthocker, einen schwarzen Retriever zu seinen Füßen, das Gewehr auf eine Lichtung gerichtet. Drei Schüsse gaben seiner Gleichgültigkeit Ausdruck. »Tontauben«, sagte Rick. Wir grüßten ihn, was er ignorierte. Es war eine Erleichterung, in das Tal mit dem Weizen zu kommen. Vereinzelte Schüsse, leise, aber nachdrücklich, verrieten uns, dass er noch da war. Der Weizen reichte uns bis zur Taille.

»Ich bin froh, dass man noch durch Wald und Feld spazieren gehen kann.« Ich lehnte mich an Rick, um seinen Anteil an dieser sommerlichen Herrlichkeit deutlich zu machen.

»Sie akzeptieren das als Erweiterung unserer Tätigkeit, zumindest stillschweigend«, sagte er.

»Könnten die Leute aus dem Dorf das denn nicht machen?«

»Nicht so leicht. Sie müssen einen Grund dafür vorweisen können. Uns gestehen sie eine gewisse Bewegungsfreiheit zu, offiziell gestattete Phasen der Kontemplation, natürlich nur in Grenzen.« Rick sah unsterblich jugendlich aus, wie er da von der Sonne beschienen vor dem Weizen stand.

»Triffst du auf deinen Spaziergängen nie jemanden?«

»Hie und da mal einen Förster, Heckengärtner oder Landarbeiter – oder«, mit ironischem Unterton, »Männer mit Gewehr, so wie unseren Freund da drüben.« Rick deutete mit dem Kopf auf die dunkle Umgrenzung.

»Ich bin froh, dass wir gleich hierhergekommen sind.« Ich atmete den Geruch von Getreide und Hecken ein, nahm die Laute der Insekten, Vögel und kleinen Feldtiere in mich auf.

»Ich dachte mir, dass dich das nach der Reise entspannen würde.« Rick hob den kleinen Kristall, den er im Wald gefunden hatte, vor seine Augen. »Sieht aus wie ein Meteoritensplitter. Den soll Adrian sich mal anschauen – er ist unser Hobbykristallograph.«

Als wären sie aus dem Weizen aufgestiegen, kamen uns plötzlich Adrian, Jill, die beiden Jungs und vorneweg Dana auf Fahrrädern entgegen und begrüßten uns freudig.

»Ihr kommt zum Tee zu mir«, sagte Dana im Vorbeiradeln zu uns.

Ehe sie schwungvoll um die Kurve bogen, drehten sie sich noch mal nach uns um und winkten. Wir sahen ihnen nach, bis sie verschwunden waren.

Träumerisch, sonnendurchtränkt, wandelten wir durch das Weizental. An dem Zauntritt, der auf die Straße führte, sahen wir den schwarzen Retriever kauern. Ich wollte ihn streicheln. Er schlich davon. Im Dorf gingen wir an den schmucken Häusern mit ihren geschlossenen Fenstern und adretten Vorgärten vorbei. Kein Mensch war zu sehen. Wir bogen in das Sträßchen, das zur normannischen Kirche führte. Auf einem der Gräber kniete eine alte Frau. Als sie uns sah, machte sie das Zeichen gegen den bösen Blick.

»Sollten wir sie nicht beruhigen?«, fragte ich.

Rick schüttelte den Kopf.

Wir trafen Ross im Atelier an, er goss gerade weiße Säure über eine Glasscheibe. »Schwieriger Moment«, sagte er, ohne seine Tätigkeit zu unterbrechen. Die durch die Fenster hereinscheinende Sonne hob die Rot-, Blau- und Gelbtöne in der Gestaltung hervor. Rick öffnete die Tür des Brennofens und zog einen seiner Böden heraus. »Gut geworden«, sagte er, während er die Tür des Brennofens wieder schloss und den Strom abschaltete.

Ich trat durch eine der Glastüren ins Freie und

schlenderte durch den Park, der das Haus umgab. Zwei Eichen von gewaltigem Umfang waren miteinander verwachsen, eine natürliche Verbindung, die viele Jahre umspannte. An ihren Stamm gelehnt, betrachtete ich das Haus, ein altehrwürdiges Gebäude aus dem achtzehnten Jahrhundert, einst Hort der Privilegien, jetzt ein kommunales Zentrum für diejenigen, die noch ihre Kunst ausübten – Maler, Bildhauerinnen, Töpferinnen, Weber. Auf der Stufe der Loggia saß Dana. Ich lief zu ihr. »Zeit für eine Tasse Tee«, sagte sie und reichte mir die Hand.

Auf dem Weg zu ihr nach Hause stellte ich meine Frage: »Hat man euch denn keine …«

»… Andeutungen gemacht?«, vervollständigte sie meine Frage. »Nicht direkt. Wir schließen unsere Ateliers abends jetzt sorgfältiger ab. Ich bin froh, dass du gekommen bist«, sagte sie.

Die Teestunde war wie ein Ausflug in die Kindheit, mit selbst gebackenen Scones, Schälchen voll Marmelade, Tellern mit Brot und Butter, Brunnenkresse, gekochten Eiern, Kümmel- und Ingwerkuchen. Die Jungs bekamen Fruchtgummis.

»Wir müssen künftig etwas vorsichtiger sein«, sagte Adrian, als die Jungen zum Spielen hinausgegangen waren. »Das Postamt ist mit Brettern vernagelt worden. Überflüssig, heißt es. Wir sind die Einzigen, die noch Briefe schreiben und lesen.«

»Und die Leute aus dem Dorf? Die nutzen es doch bestimmt«, sagte ich.

»Die haben sich das völlig abgewöhnt.« Adrian zündete sich seine Pfeife an. »Kommunikation wird nicht unterstützt.«

Als ich mit Rick zum Haus zurückging, sagte ich: »Das ist wohl der entscheidende Punkt. Die Kommunikation, meine ich.«

»Sie soll unterbunden werden. Deshalb machen wir weiter.« Rick reichte mir die Hand.

Wir kamen wieder an den schmucken Häusern mit ihren geschlossenen Fenstern und adretten Vorgärten vorbei. Hier und da erhaschte ich einen Blick auf einen schwach leuchtenden Fernsehbildschirm. Rick folgte meinem Blick. »Sie haben uns allen Fernseher angeboten. Adrian hat einen angenommen, wegen der Jungs und wegen der Nachrichten, sofern man sie so nennen kann.«

Rick führte mich zu dem Grab, wo wir vorher die alte Frau gesehen hatten. Er bückte sich und fuhr mit dem Finger die kärgliche Beschriftung nach. *Glaser*, stand da. »Er war ihr einziger Sohn. Er hatte Ideen, die über seine eigentliche Tätigkeit hinausgingen. Deshalb hat die alte Dame einen Groll auf uns. Wir verkörpern gefährliche Ambitionen. Er hat sich umgebracht.«

»Warum?« Meine Stimme war schwach.

»Sie haben ihn isoliert. Das Zentrum gab es damals noch nicht. Er hatte keinen Zufluchtsort.«

Ricks Wohnbereich, den er sich mit Ross teilte, lag vorn im Haus, im Erdgeschoss. Nachts hörte ich die Füße, sie gingen, rannten, huschten umher. Gelegentlich ein Jaulen, dann Stille. Ross ging hinaus. Als er wiederkam, sagte er: »Nur wieder ein paar neue Schäden am Zaun. Lohnt sich nicht, die zu reparieren.« Er klang gelangweilt.

Rick kochte Tee, setzte sich auf mein Bett und redete über frühere gemeinsame Freuden. Ich erinnerte mich an meine Reise. Die Fahrt von der Küste nach London. Wenige Privatwagen auf den Straßen. Hauptsächlich Lastwagen, öffentliche Verkehrsmittel, Militärfahrzeuge: Ab und zu drangen Fetzen ihres obligatorischen Radioprogramms an meine Ohren. Der lästige Aufenthalt im Investigationszentrum, wo Computer ihre Daten ausspien. Nachdem meine Berechtigungsnachweise bestätigt worden waren, fuhr ich Richtung Norden. Ich unterdrückte den Impuls, von der Autobahn abzufahren und Dörfer oder Städte wieder zu besuchen, die nicht direkt auf meiner Route lagen, denn ich wusste, dass ich die Radarkontrollstationen ohnehin nicht würde passieren können. Ich fuhr durch Industriestädte, schwitzend und mit einem Gefühl von Beklemmung angesichts all der Hochhäuser mit ihren geschlossenen Fenstern. Ich hatte meine Reise so geplant, dass ich Ortschaften nicht zu ihren jeweiligen Einkaufszeiten durchquerte. Ich ertrug die neunzig Dezibel laute Popmusik nicht, die dann aus den Straßenlautsprechern drang.

»Mach das Fenster auf, Rick«, sagte ich, denn ich brauchte das Gefühl von Freiheit.

»Sie überwachen unsere Beleuchtung«, sagte er. »Wir

überschreiten das offizielle Zeitlimit. Wir können uns hier nur halten, weil es noch ein veraltetes Gesetz gibt, das Zentren wie diesem ungenau definierte Privilegien zuspricht. Sie werden es ändern – früher oder später.«

»Und bis dahin?«

»Bis dahin machen wir weiter. Ihre Taktik hat eine solide Grundlage – die Verstimmung, die wir bei den Leuten aus der Gegend hervorrufen.«

»Eifersucht, meinst du?«, fragte ich.

»Nein, Angst. Wir verkörpern Gefahr. Nonkonformismus ist eine Krankheit. Wir sind eine potenzielle Ansteckungsquelle. Man bietet uns Gelegenheiten, uns zu«, er gluckste, »integrieren. Ablehnung wird als Feindseligkeit verbucht.«

»Und eure Arbeiten?«

»Die bleiben in unseren Ateliers. Unsere Bezugsscheine werden in proportionalem Verhältnis beschränkt. Was Nahrungsmittel betrifft, sind wir weitgehend autark.«

»Könnt ihr so denn weitermachen?«, rief ich aus.

»Man kann bis zum Äußersten gehen.« Rick schaltete das Licht aus. »Schlaf gut«, sagte er. »Wir müssen unsere Zeit so kreativ wie möglich nutzen, beim Reden, bei der Arbeit, bei der Liebe. Die Kommunikationskanäle müssen offengehalten werden, damit auch andere sie nutzen können, wenn es erforderlich ist.«

»Ich werde ein paar von euren Arbeiten mitnehmen«, sagte ich, »und sie auch anderen an der Küste zugänglich machen.«

»Jetzt tönst du aber«, sagte Rick. »Nur nichts überstürzen. Lote erst mal die Grenzen aus.«

Ein weiterer strahlender Sommertag erwartete mich, als ich erwachte. Ross war schon an der Arbeit.

»Man hat uns ein Haus angeboten«, sagte Adrian, als wir uns auf dem Gelände trafen.

»Oh nein!« Angst stieg in mir auf.

»Schon zum zweiten Mal innerhalb von vier Monaten.« Adrian grinste. »Ich reagiere nie auf amtliche Vordrucke. Man könnte sagen, ich bin etwas zerstreut.«

Rick und Dana lachten gerade über einen Scherz, als ich zu ihnen trat.

»Spürt ihr denn diese Anspannung nicht?« Ich erwartete nicht unbedingt eine Antwort auf meine Frage.

»Weniger als ihr da unten an der Küste, meine Liebe«, sagte Rick. »Wir haben einander. Deshalb haben wir dich ja gebeten zu kommen, damit deine Anspannung etwas nachlässt und du mit erneuerten Kräften zurückkehren kannst.«

Ich dachte an mein Cottage auf dem Kliff, wo ich arbeitete, spazieren ging, einkaufte und mit meinem Hund redete. Die paar Nachbarn, die ich hatte, hielten ihre Fenster geschlossen und ließen den Fernseher laufen. Ich hatte das mir angebotene Gerät abgelehnt. Genauso eigensinnig bestellte ich weiter meinen kleinen Garten, der weniger adrett war als die von den Maschinen gepflegten Gärten der Nachbarn. Ich zog Blumen und Obst. In regelmäßigen Abständen legte ich abends ein paar Blumen und Früchte neben mein

Gartentor, Geschenke für jene, die mutig genug waren, sie anzunehmen. Gelegentlich legte ich auch ein Buch hinaus, aber das nahm nie jemand. Es war eine Art, miteinander zu sprechen.

»Wir machen das auch«, sagte Dana. »Letzte Woche habe ich einen Triumph erlebt. Ich habe eines meiner Gemälde rausgestellt, und jemand hat es mitgenommen.«

»Woher weißt du, dass nicht sie es waren?«, fragte ich.

»Sie würden nicht wollen, dass man auch nur auf den Gedanken kommt, Akzeptanz könnte möglich sein«, sagte Rick.

»Vielleicht ist es mit anderen zusammen schlimmer.« Ich überlegte. »Durch andere fühlt man sich ermutigt, wird trotzig.«

»Aber zugleich auch sicherer, denn unser täglicher Austausch und liebevoller Umgang miteinander erfüllt und stärkt uns. Wir dienen einander als Sicherheitsventile«, sagte Rick.

»Lasst uns ein Picknick machen, einen So-als-ob-Tag«, sagte Dana.

Wir entschieden uns für eine kleine Wiese nah dem Waldrand, von der aus man das ganze Tal mit den Weizenfeldern überblickte. Wir lachten, unterhielten uns, spielten alberne Spielchen, aßen unser mitgebrachtes Essen und dösten zwischendurch in der Nachmittagshitze. Ich sah zu, wie Dana eine Kette aus Wildblumen flocht und sie meinem Hund um den Hals legte. »Morgen male ich dich«, sagte sie. Es war ein Abschiedsgeschenk. Ich schloss die Augen, um die Tränen zurückzuhalten.

»Ich schau mich mal ein bisschen um.« Rick spazierte in den Wald. Wir sahen ihm nach, bis sein hochgewachsener Körper nicht mehr zu sehen war.

»Keine Sorge, meine Liebe«, sagte Dana. »Er passt auf sich auf.« Sie griff nach einem ihrer Skizzenblöcke.

Etwa eine Stunde später kam Rick wieder.

»Sie bauen weitere neue Häuser oberhalb des Waldes«, sagte er. »Neunzehn, um genau zu sein.«

Im Zentrum lebten neunzehn Parteien, wenn man die einzelnen Familien sowie Rick und Ross als jeweils eine zählte.

»Aber das dürfen sie nicht, das ist doch nicht legal …«, stammelte ich.

»Sie arbeiten gerade an einem neuen Gesetzentwurf. Nur eine Frage der Zeit, eine reine Routineangelegenheit«, sagte Rick.

»Wir kommen zu dir an die Küste«, sagte Dana. »Man kann sich durchschlagen.«

»Ich freue mich immer über Gäste.« Hysterische Heiterkeit erfüllte mich.

»Gäste sind verdächtig. Wir kommen lieber als Verwandte«, sagte Rick.

»Das neue Gesetz ist im Rat verabschiedet worden«, sagte Adrian, als wir zurückkamen. »Schrittweise Abschaffung der Kulturzentren. Gilt ab Mitternacht. Ich würde sagen, das muss gefeiert werden.«

Wir feierten unsere Party im Vortragssaal. Niemand sprach über die Nachrichten, die in Adrians Fernseher ein weiteres Mal bekannt gegeben wurden. Um Mitternacht verließen wir den Saal, öffneten sämtliche Fenster im Haus. Dann gingen die Lichter aus.

»Eine Stromsperre, genau im richtigen Moment«, sagte Ross. »Wer hat Kerzen?«

Die Familien wurden als Erste in die neuen Häuser umgesiedelt. Es war sinnlos zu protestieren, wenn man an Kinder zu denken hatte.

»Jetzt musst du an die Küste zurückfahren«, sagte Rick. »Wir werden später versuchen, dich zu erreichen.«

Wie unter Hypnose ging ich noch einmal zu den Weizenfeldern. Ross begleitete mich.

»Sie bereiten sich auf die Ernte vor«, sagte er. »Schau, da unten in der Senke stehen schon die Mähmaschinen.«

Mehrere Ateliers wurden mit Brettern vernagelt. Die zurückgelassenen Werke derer, die bereits in die neuen Häuser umgezogen waren, wurden weggeschafft. Im Haus hallte es dumpf, man war sich der Leere bewusst. Ross packte seine Arbeiten in Kisten. Dana trug ihre Bilder in ihren Wohnbereich. Rick arrangierte seine Werke in seinem Atelier, als bereitete er eine Ausstellung vor. Ich suchte mir eine von Ricks Glasskulpturen aus und legte sie in mein Auto. »Ich riskiere es«, sagte ich, als Rick mir davon abriet.

»Sie können euch doch nicht zwingen wegzuziehen?«, fragte ich.

»Von hier? Doch«, sagte Rick. »Das Zentrum und die Wohnbereiche werden offiziell geschlossen. Sie werden jedem von uns ein Haus anbieten, das wir ablehnen können. Ihr Vorgehen ist momentan völlig korrekt. Es besteht Entscheidungsfreiheit, wenn auch eine zweifelhafte.«

»Wie bei mir an der Küste?« Ich erinnerte mich daran, wie ich darauf bestanden hatte, in meinem eigenen Haus wohnen zu bleiben. Dass ich bereits untergebracht war, gab mir eine gewisse Freiheit, allerdings wurde ich in vielfältiger Weise unter Druck gesetzt, mein Haus den anderen anzugleichen.

»Warum sind die anderen gegangen? Adrian und Jill?«, fragte ich.

»Wegen der Kinder«, sagte Rick. »Minderjährige müssen in jedem Fall gehen, ob mit oder ohne Eltern. Und wir werden uns eine neue Unterkunft suchen müssen, die für sie einigermaßen akzeptabel ist. Schwierig, aber nicht unmöglich. Du hattest Glück, dass du schon in deinem eigenen Haus gewohnt hast, bevor sie ihren neuen Siedlungsplan in Kraft gesetzt haben.«

»Vielleicht ändern sie auch diese Gesetze noch.«

»Wahrscheinlich, irgendwann, wenn sie zu dem Schluss kommen, dass sie eine zu große Bedrohung darstellen.« Er hielt inne. »Am besten lässt du das mit den Geschenken an deinem Gartentor mal für eine Weile.«

»Es ist eine Art, in Verbindung zu bleiben.«

»Wir bleiben in Verbindung. Da kannst du dir sicher sein.« Rick legte mir den Arm um die Schultern.

»Einen Tag habe ich ja noch.« Ich lächelte ihn an.

»Denk dran, noch sind Besuche offiziell erlaubt, gelegentlich jedenfalls und für Leute aus unterschiedlichen Regionen.«

»Warum nutzen die anderen das nicht?«

»Diese Möglichkeit, meinst du? Sie verlieren die Verbindung dazu – die Verbindung zum In-Verbindung-Bleiben. Das ist eine Kunst für sich. Bei denen, die es konsequent tun, wird es als Teil des«, er grinste, »Lebensstils betrachtet. Und es ist sehr wahrscheinlich, dass gegen diese Anomalie gesetzlich vorgegangen wird. Sie ergänzen die neuen Gesetze ständig um weitere Klauseln. Die Schließung des Postamts zeigt, was da möglich ist. Stell dir vor«, sagte er, »ich habe Träume vom Telefonieren.«

Am nächsten Tag wiederholten Rick und ich den Spaziergang, den wir am Tag meiner Ankunft gemacht hatten. Das halbe Feld war abgeerntet. Auf dem Rückweg kam uns Dana auf dem Fahrrad entgegen. Es hatte etwas von einem Déjà-vu, nur folgten Adrian, Jill und die beiden Jungen ihr nicht nach. Und in ihrem Gesicht war kein Lachen.

»Ross«, rief sie. »Er hat sich gewehrt. Hat darauf beharrt, dass seine Kisten sein Eigentum sind.«

»Oh Gott!«, sagte Rick.

»Sie haben ihn mitgenommen«, sagte Dana.

»Hört mal!« Rick brachte uns zum Schweigen. Wir hörten den zweiten Schuss.

»Warum?«, fragte ich, obwohl ich es natürlich wusste.

»Widerstand zu leisten ist eine strafbare Handlung. Wir werden ihn neben dem anderen Glaser begraben«, sagte Rick.

Während wir in Richtung des Zauntritts gingen, rückten die Mähmaschinen vor. Der schwarze Retriever rannte herbei und schnappte nach meinem Hund. Rick schob Danas Fahrrad. Dana und ich folgten ihm Hand in Hand.

Das Haus war komplett zugenagelt.

»Ich wünschte, ich hätte auch eines deiner Gemälde in mein Auto gepackt«, sagte ich zu Dana.

»Ich kann ja wieder neu anfangen, bei euch an der Küste«, sagte sie. »Wir kommen zu dir, egal wie.«

Die anderen waren fort. Dana pflückte ein paar Blumen und legte sie mir ins Auto. Rick brachte Obst. »Für die Heimfahrt«, sagte er.

»Kommt ihr wirklich?«, fragte ich.

»Wir schlagen uns durch, meine Liebe, wir schlagen uns durch«, sagte Rick.

»Und Ross?« Ich zögerte.

»Den werden sie morgen wieder herbringen. Dann begrabe ich ihn.« Rick reichte mir den Kristall, den wir am ersten Tag im Wald gefunden hatten. »Es ist ein Meteoritensplitter. Adrian war sich sicher. Behalte du ihn. Er hat so viel Raum und Zeit erfahren.«

Ich strich über den Kristall. »Ein Andenken an das schöne Tal«, sagte ich.

Ich nahm Dana in den Arm. »Ciao, meine Liebe«, sagte ich.

Langsam fuhr ich davon, an den schmucken Häusern mit ihren geschlossenen Fenstern und adretten Vorgärten vorüber, auf dem Weg zurück an die Küste.

EIN UNBESCHWERTER TAG

Der Tag war unbeschwert. Ein leichter Wind, weich auf der Haut, verstärkte die Wärme der Sonne eher, als dass er sie minderte. Gischtende Wellenkämme erschienen auf dem Meer wie frisch hingepinselt. Ein Tag, um sich zu verlieben. Ich zog meine Tennisschuhe aus, krempelte mir die Hose bis zu den Knien hoch und stapfte am Rand des Wassers entlang. Ich hob meinen Hund hoch, warf ihn in die Wellen und sah zu, wie er ans Ufer zurückschwamm. Ein Tag, um sich zu verlieben. Die Erinnerung regte die Vorstellungskraft an. Vor langer Zeit waren solche freien Willensentscheidungen einmal möglich gewesen. Eine Zeit, um morgens zu lächeln und zu singen. Ein geruhsam dahinfließendes Leben. Ich spritzte mir mit beiden Händen Meer ins Gesicht und leckte an dem Salz. Ein Gefühl sexueller Bedürftigkeit. Ich buddelte in dem Sand unter Wasser und fischte eine gebärmutterförmige Muschel heraus. Ein Andenken an diesen unbeschwerten Tag. Er würde als symbolisches Gegengewicht zu all den Monaten des Schmerzes dienen.

»Hallo«, rief eine Stimme in meine Richtung.

Sebastian rannte den Hang zu mir herunter, um mich zu begrüßen.

»Ich bin gerade angekommen«, sagte er.

Er schleuderte seine Sandalen von den Füßen und gesellte sich zu mir. Wir gingen am Wasser entlang, gegen die Wellen klatschend, die spritzend heranrollten, hinterließen Fußstapfen im Sand. Als wir zu den Klippen kamen, sprangen wir um die Wette von einem Fels zum anderen, wie Kinder. Ich rutschte aus und fiel in einen der Gezeitentümpel. Blut rann mir leuchtend rot das Bein hinunter. Sebastian reichte mir sein Taschentuch. Da ich keinen Schaden genommen hatte, lehnte ich es ab, wusch die Schnittwunde aber mit dem grünlichen Wasser des Tümpels aus. Es war erfrischend, stillte das Blut.

»Keine Sorge«, sagte ich. »Wir sind alle verwundet.«

Sebastian bestand darauf, den Schnitt zu verbinden.

»Es ist gut zu wissen, dass man bluten kann«, sagte ich. »Beinahe beglückend.«

Sebastian drückte mich an sich. »Es ist ein Tag, um wieder zu fühlen«, sagte er.

Wir zogen unsere Schuhe an und schlenderten über den Sandstrand.

»Ich habe Fiona gestern einen Heiratsantrag gemacht«, sagte er. »Sie wollte das Zufluchtsheim nicht verlassen.«

»Oje.« Ich fasste ihn am Arm.

»Keine Sorge«, sagte er lachend. »Wir sind alle verwundet.«

»Warum?«, fragte ich.

»Vielleicht aus Angst. In den Zufluchtsheimen flößen sie den Leuten Angst ein. Angst vor der Außenwelt. In einem Zufluchtsheim kann einen nichts Böses erreichen. Schnelle Gewöhnung an den Identitätsverlust ist garantiert.«

»Identität birgt Gefahren?« Ich wusste, dass es so war.

»Zieht sie regelrecht an. Permanente Verletzlichkeit. Die Zufluchtsheime bieten Frieden – oder vielleicht sollte man sagen, ein Vakuum der Unverletzlichkeit.« Er warf einen Kiesel ins Meer. »Noch gebe ich nicht auf«, sagte er.

»Ich auch nicht.« Ich zog ihn vom Sand hoch. »Komm, wir rebellieren ein bisschen. Eine Meile von hier gibt es ein Zufluchtsheim. Wollen wir da mal vorbeischauen? Ich habe gehört, Ausflügler sind dort jederzeit willkommen. Es könnte ja sein, dass jemand bleibt.« Ich musste über mein absurdes Hirngespinst lachen.

»Ich spinne mir auch so manche Phantasie aus«, sagte Sebastian. »Ich kann Fiona nicht erreichen. Meine Briefe bleiben unbeantwortet. Trotzdem frage ich sie jeden Tag, ob sie mich heiraten will – im Geiste.« Er wirbelte herum und rief zum Meer hin: »Fiona, willst du mich heiraten? Fiona, bitte heirate mich!«

Ich schloss mich seiner Phantasie an. »Fiona«, rief ich zum Meer hin. »Bitte heirate Sebastian. Er wird dir ein Haus der Farbenfreude bauen, an einem Hafen der Zufriedenheit.«

Sebastians Euphorie verpuffte. »Weißt du, was mein nächster Auftrag ist? Was ich gerade auf dem Zeichenbrett habe?« Er war Architekt. »Ein Zufluchtsheim. Ich habe ihnen gesagt, dass ich ein paar Tage Urlaub brauche. Deshalb bin ich hier – ich habe frei.«

»Kannst du ablehnen?«

»Nein. Tatsächlich ist es sogar eine Herausforderung. Fenster sind nicht erlaubt. Ich muss auf irgendeinem anderen Weg für Licht sorgen. Es muss möglich sein.« Er schöpfte eine Handvoll Sand. »Eine Substanz wie diese vielleicht.«

Fast rennend näherten sich uns fünf Kinder, ein Mädchen und vier Jungen. Sie brabbelten wie Wilde, unverständlicher Bandenjargon. Sie beäugten uns verächtlich. Einer von ihnen hatte eine Milchflasche in der Hand, schwenkte sie wie eine Trophäe. Ein Finger diente als Verschluss. Sebastian schnappte sich die Flasche. Sie war zur Hälfte mit Schmetterlingen gefüllt. Er hielt sie in die Höhe. Einige der Schmetterlinge krochen langsam die Innenwand hinauf und flogen hinaus. Die anderen waren tot. Sebastian warf die Flasche ins Meer. Zwei der Jungen traten ihm gegen die Knöchel. Ich schlug zu, so fest ich konnte. Sie rannten davon und beschimpften uns dabei lauthals. Das Mädchen hielt die Stellung. Ich fing an, ihm zu erklären, wie grausam das war, ein Vergehen gegen die bereichernde Vielfalt der Natur. »So eine sentimentale Scheiße«, sagte es und marschierte davon.

Wir gingen schweigend zu meinem Cottage zurück.

Als wir im Garten zu Mittag aßen, wurde etwas Pelziges über das Gartentor geworfen. Wir hörten Hohngelächter und schnelle, sich entfernende Schritte. Mein Hund machte einen Satz. Ich bekam ihn zu fassen und zog ihm das übel zugerichtete Tier aus dem Maul. Es war ein Kätzchen; ihm waren beide Augen ausgestochen worden. Sebastian nahm es mir aus der Hand und ging zum Mülleimer. Ich schob mein Essen von mir weg.

»Die haben uns im Auge behalten«, sagte Sebastian. »Und wir sollten dieses Tier hier im Auge behalten«, er deutete mit dem Kopf auf meinen Hund, »zumindest die nächsten ein, zwei Tage, bis sie irgendein anderes Ziel für ihre sinnlose Gewalt gefunden haben.«

»So sind Kinder nun mal«, sagte eine Stimme. Es war meine Nachbarin. Sie hatte den Vorfall mitangesehen.

»Wohl wahr«, sagte Sebastian.

»Ihre Rosen haben ja riesige Blüten dieses Jahr«, sagte sie.

Ich bot an, ihr ein paar Stiele abzuschneiden.

»Nur einen«, sagte sie mit affektiertem Lächeln.

Ich schnitt ihr einen mit großer Blüte ab und reichte ihn ihr. Sie schnupperte an der Rose. Dann sah sie mich lächelnd an, schloss die Hand um die Blütenblätter, zerquetschte sie zu Brei und warf mir die Rose vor die Füße. »Danke«, sagte sie und ging hinein.

Sebastian stand hinter mir. »Heute ist unser unbeschwerter Tag, denk dran. Lass uns zur Flussmündung laufen, über die Hügel und durch den Wald.« Er steckte ein paar hartgekochte Eier und Äpfel ein. »Futter für später. Du wirst schon wieder essen. Der Hunger kommt immer zurück.«

Ich ließ mich von seiner Stimmung anstecken und griff nach einer Tafel Bitterschokolade.

Ein Mann folgte uns den halben Hügel hinauf, überlegte es sich dann anders und kehrte um. Als wir oben waren, setzten wir uns und schauten in den Himmel. Ein leichter Wind trocknete unseren Schweiß. Das Gras war hoch genug, um zu verhindern, dass man uns sofort sah.

»Sebastian«, sagte ich. »Gestern habe ich mein neues Manuskript zurückbekommen – vom Postamt. In Stücke gerissen. Transportschaden, hieß es.«

»Die nehmen es auf ihre Kappe«, sagte Sebastian.

»Luke hat heute ein zweites Exemplar in die Stadt gebracht«, sagte ich.

Sebastian zog die gekochten Eier aus der Tasche. Ich gab meinem Hund ein Drittel von meinem. Ein Helikopter flog über uns hinweg.

»Die Isolation wird schlimmer«, sagte ich. »Warum ist Fiona in das Zufluchtsheim gegangen?«

»Sie wurde hingebracht«, sagte Sebastian. »Sie konnte nicht mehr singen. Wurde inaktiv. Was auf ihre Unzurechnungsfähigkeit hinwies – nach deren Maßstäben. Die Oper ist eine gefährliche Kunstform: Sie suggeriert zu viele Freiheiten.«

Über uns jubilierte ein Vogelschwarm.

»Sie wird sediert«, fügte Sebastian hinzu. »In den Zufluchtsheimen gibt es keine Türen. Man darf sich in den Räumen und Korridoren frei bewegen. Keine Fenster natürlich. Belüftet wird das Ganze über einen zentralen Luftschacht. Er ist der Treffpunkt, könnte man sagen. Alle versammeln sich darunter. Sie schauen hinauf, in der Hoffnung, ein Stückchen Himmel zu sehen. Vergebens: Da ist nur ein Stahlgitter mit winzigen Öffnungen, durch die etwas Luft strömt. Das einzige Licht ist das der Fernsehbildschirme, die rund um die Uhr eingeschaltet sind. Wie man mir sagte, bemerken sie den Lärm und die Bilder nach einer Weile gar nicht mehr. Weil sie in der Anfangszeit genau damit gebrochen werden. In jedem Zimmer steht ein Fernseher. Das weiß ich von den Bauplänen, die mir gestern für meinen neuen Auftrag ausgehändigt wurden. Ich soll Verbesserungen entwickeln. Es hat Ausfälle gegeben.«

»Ausfälle?«, fragte ich.

»Einige empfinden immer noch Schmerz. Sind immer noch verletzlich. Es wird auf Unzulänglichkeiten in der Bauweise zurückgeführt. Von mir wird erwartet, dass ich die Mängel behebe.«

»Und wenn ihnen Schmerz und Gefühle restlos entzogen sind?«

»Dann werden sie entlassen. Geheilt – von ihrer Identität.« Sebastian zerdrückte seine Eierschale und verstreute die winzigen Stückchen auf dem Gras.

Wir gingen auf den Wald zu. Der Weg, der ihn säumte, war kühl und warm zugleich und voll heller, hurtiger Geräusche: emsige Vögel, hie und da ein Eichhörnchen, das einen Baumstamm hinaufhuschte, im Farn Geraschel, das auf andere aufgestörte kleine Tiere hinwies. Bald würden wir durch den lichter werdenden Wald die Flussmündung in der Ferne erspähen können. Das Gras unter unseren Füßen fühlte sich an wie ein unbegangener Weg aus Moos.

»Tage wie dieser«, setzte ich an.

»Sind unbeschwert«, skandierte Sebastian.

»Wir könnten uns jegliches Wunder wünschen«, sagte ich.

»Und große Taten vollbringen.« Sebastian gab mir die Hand. Plötzlich brachte er mich zum Stehen. Vor uns rannte keuchend ein junger Mann vorbei. Er stürmte ins Farngestrüpp. Ihm folgten in gleichmäßigerem Tempo vier Männer. Jeder von ihnen hatte ein aufgerolltes Tau in der Hand. Sie würdigten uns keines Blickes, als sie vorbeirannten. Mein Hund bellte sie an und lief ihnen nach. Sebastian pfiff ihn zurück. Wir gingen weiter, jetzt schneller. Als wir an die Stelle kamen, wo der Wald sich lichtete und die Flussmündung sichtbar wurde, hörten wir die Schreie. Dann Stille.

Das Meer war eine flache, schimmernde Erweiterung des Sandstrands. Die Landschaft vor uns sah unbewohnt aus, unberührt, ein ungerahmtes Gemälde einer grenzenlosen Weite. Der Weg führte weiter zu einem alten Farmhaus.

»Ich brauche einen Schluck Wasser«, sagte ich zu Sebastian.

»Wir fragen mal«, sagte er.

Das Kind an der Tür sah uns ängstlich an.

»Ihr könnt einen Tee haben«, sagte die junge Frau. »Ich habe gerade eine Kanne gekocht.«

Wir saßen in der düsteren Küche, froh über die Kühle.

»Ihr kommt vom Wald?«, fragte die Frau.

Wir nickten.

»Das war mein Mann.« Ihre Stimme war freudlos. »Er hat sich geweigert, seine Landwirtschaft auf die neue Art zu betreiben. Er hat seine Tiere geliebt.« Sie schob das Kind von sich weg. »Ich habe ihm gesagt, dass das Ärger geben wird.«

Wir tranken unseren Tee aus. Sebastian dankte der Frau. An der Tür packte sie ihn am Arm. »Werden sie ihn in eins der Zufluchtsheime stecken?«, fragte sie. Das Kind fing an zu weinen. Die Frau ging hinein und knallte die Tür hinter sich zu. Wir gingen weiter, der Flussmündung entgegen.

An einem der Ufer war ein farbenfroh gestrichener Kahn vertäut. Drei junge Männer und zwei Mädchen winkten uns heran. »Wir sind Reisende«, sagten sie. »Gesellt euch zu uns.« Sie reichten uns kalte Getränke und Obst. Sie waren Ortsfremde, konnten sich frei bewegen, sehr versiert darin, Ärger zu vermeiden und gefährliche Situationen zu wittern; auf ihrem von keiner Karte geleiteten Weg übernahmen sie Gelegenheitsarbeiten und verdienten sich so genug Geld für Essen und Treibstoff. Da sie nie länger an einem Ort blieben, weckten sie nur vorübergehend Abscheu. Wie Spieler erprobten sie ihr Glück jeden Tag aufs Neue. Sie boten uns Gastfreundschaft und zeitweilige Freundlichkeit. Sie waren Nachrichtensammler, beobachteten aufmerksam, was sie alles zu sehen bekamen, während sie durch die Kanäle tuckerten, wurzellos. In ihrer Gesellschaft hatte man ein trügerisches Sicherheitsgefühl. Sie luden uns ein, mit ihnen mitzureisen.

Sebastian legte ihnen unseren Standpunkt dar: »Wir haben beide Arbeit zu tun – unsere eigene Entscheidung.«

Das taten sie mit einem Lachen ab.

»Wir haben Freiheit«, sagte eines der Mädchen.

»Wofür?«, fragte Sebastian.

»Um weiterzureisen«, sagte einer der jungen Männer.

Wir verfolgten das Thema nicht weiter. Wir lebten beide in der Gewissheit der Gefahr. Lieber begaben wir uns wieder in die unbeschwerte Sphäre ihrer nachmittäglichen Geselligkeit. Sie waren als die Harlekine bekannt, halb Clowns, halb Trickster. Manchmal wurden sie, wenn sie für die Nacht angelegt hatten, von örtlichen Pulcinellen als schnelle Vergnügung zusammengeschlagen. Wenn das Wetter es zuließ, vertäuten sie ihren Kahn deshalb in einem gewissen Abstand zum Ufer, die Erfahrung hatte sie Vorsicht gelehrt.

Wir sahen zu, wie sie auf dem Kanal davontuckerten, winkten ihnen nach.

»Vielleicht sollten wir das auch tun – uns einfach treiben lassen«, sagte ich.

»Das ist uns nicht bestimmt.« Sebastian lächelte. »Wir haben Arbeit zu tun.«

»Für wie lange?«, fragte ich.

»Für immer und ewig.« Er lachte. »Für alle Zeiten verletzlich, auf unsere unbeschwerte Art.«

»Und der ständige Druck? Die zunehmenden Isolierungen? Die bohrende Einsamkeit?« Ich zählte schonungslos meine Einwände auf.

»Sollten assimiliert, verwertet, kommuniziert werden«, sagte Sebastian. »Es wird immer jemanden geben, der zuhört, hinschaut, wahrnimmt.«

»In Verbindung bleiben?« Ich fühlte mich etwas mutlos.

»Alle Wege für die schöpferische Vorstellungskraft offenhalten. Es gibt immer irgendwen, irgendwo, der bereit ist, sich auf das einzulassen, was man geben kann. Das wird ein wunderbarer Sonnenuntergang heute«, sagte er.

Die Sonne leuchtete wie eine rote Pfingstrose über dem Horizont. Wir gingen am Strand zurück. Es war Ebbe. Wir wiederholten unseren Morgentanz über die Klippen, sprangen von einem Fels zum anderen. Möwen wirbelten mal durch die Luft, mal ließen sie sich in Reihen auf den Wellenbrechern nieder. Wir atmeten in tiefen Zügen die frische Seeluft ein. Unsere Körper prickelten von der Schönheit dieses Tages. Es hatte gefährliche Momente gegeben, kaum zu ertragen, doch mit dem Glück von Spielern waren wir durchgekommen. Das alles brachte ich in einem Dank an Sebastian zum Ausdruck.

»Relativ betrachtet, meine Liebe, könnte man sagen,

dass wir unbeschwert waren.« Sebastian schleuderte ein Stück Treibholz durch die Luft, das mein Hund auffangen sollte.

Luke stand vor meinem Gartentor. Das war doch sicher ein Zeichen dafür, dass mein Manuskript wohlbehalten überbracht worden war. Er lächelte nicht, als wir näher kamen.

»Sebastian«, sagte er. »Fiona ist im Haus. Sie wurde heute Morgen entlassen.« Er hielt inne, wollte das Wort nicht aussprechen. »Geheilt.«

Wir gingen hinein.

Fiona saß in einem Sessel, den Kopf zum Fenster gewandt. Luke legte mir die Hand auf den Arm, damit ich nicht losstürzte. Mein Hund bellte und sprang vor ihr hoch, versuchte auf ihren Schoß zu gelangen. Sie beachtete ihn nicht. Sie wandte uns das Gesicht zu. Kein Wiedererkennen flackerte darin auf. Unsere Gegenwart hatte nicht die geringste Wirkung auf sie. Sie war von allem abgetrennt. Nicht mehr verletzbar, nicht mehr imstande, sich oder andere zu identifizieren. Sie war, wie Luke gesagt hatte, geheilt.

Der Schmerz war heftig. Wir standen da und betrachteten Fiona, teilten den Schmerz, von dem sie nie mehr Kenntnis haben würde.

Sebastian ging auf sie zu.

»Fiona«, sagte er. »Fiona, willst du mich heiraten?«

DAS GLÜCKSSTELLENSPIEL

Schwaden von Bodennebel jagten mir entgegen und wirbelten vorbei. Die Sonne hoch oben war von einem hellen Zitronengelb. Blauer Himmel begann sich auszubreiten. Mein Hund wälzte sich auf dem feuchten Gras. Der Morgen sah vielversprechend aus. Ich war früh aufgebrochen. Nicht zu früh, um nicht aufzufallen. Ich würde der Küstenlinie folgen, bis der Leuchtturm in Sichtweite kam. Das Meer war eine sanft bewegte Weite, die Wellen, vom Kliff aus gesehen, winzige Schnörkel weißer Gischt. Kein Boot weit und breit. Zu meiner Linken erstreckte sich das Hügelland, auf den Kuppen hier und da ein Wäldchen. Ich schaute zurück. Aus der Senke, die ich hinter mir gelassen hatte, stiegen Rauchschleier auf. Sie brannten die Stoppelfelder ab.

Ich stand reglos da und schaute aufs Meer hinunter: Gezeitenwechsel. Möwen flogen landwärts, hielten auf die Kreidefelsen zu und drehten wenige Zentimeter vor dem Kliff wieder zum Meer hin ab. Der Bodennebel löste sich auf. Die Sonne verbreitete ihre Wärme. Auf dem Kies unten am Wasser waren drei

Männer. Einer schaute hoch. Ich trat vom Rand des Kliffs zurück. Als ich die Biegung im Küstenverlauf erreichte, sah ich in der Ferne den Leuchtturm. Die Landschaft war hier sanfter: Mit Gesträuch und kleinen Bäumen bewachsene Hänge traten an die Stelle der Steilküste. Ich folgte dem Pfad, der sich zwischen den Tamarisken hindurch nach unten schlängelte. An einer Kehre sah ich, dass mir zwei Frauen entgegenkamen. Sorgsam verlangsamte ich meinen Schritt zu einem beschaulichen Schlendern. Ich wollte sie nicht beunruhigen, sie hatten noch nicht bemerkt, dass ich auf sie zukam. Ich lächelte, als sie sich näherten, und spürte ihre Erleichterung, als ich ihnen einen guten Morgen wünschte. Unten angelangt, setzte ich mich, um mein Käsebrot zu verzehren.

»Lass dir Zeit auf deinem Weg«, hatte Tom geschrieben. »Gib dich durchweg wie jemand, der einfach einen gemütlichen Spaziergang macht.«

Ich legte ein paar Meilen zurück, umrundete einen Küstenvorsprung und gelangte auf den Strand. Vor mir lag das Dorf. Es war Niedrigwasser. Ich ging über den nassen Sand. Der Leuchtturm war etwas vorgelagert, eine mehr oder weniger überflüssig gewordene Landmarke. Nur noch ein Beobachtungsposten. Auf dem bröckelnden Landungssteg stand ein Mann und angelte. Ich zog meinen Pullover aus und band ihn mir locker um die Schultern. Während ich über den Sand stapfte, warf ich immer mal wieder einen wachsamen Blick landeinwärts. Ich ging zum Wasser, zog meine Tennisschuhe aus, krempelte die Hose bis zu den Knien hoch und platschte weiter. Als ich stehen blieb und aufs Meer schaute, das sich vor mir erstreckte, packte mich schieres körperliches Hochgefühl. Ich hatte vergessen, dass die Erde rund ist. In seiner geometrischen Präzision weckte der weite Bogen des Horizonts ein Kindheitsstaunen in mir. Meer und Himmel boten Trost. Ich spritzte mir Meerwasser über Gesicht und Arme und drehte mich in meiner Freude schwungvoll um.

Drei Schwimmer kamen auf mich zugerannt. Ich hielt die Luft an, als sie an mir vorbeistürmten und sich ins Wasser stürzten. Einen Moment lang fühlte ich mich von der Wucht ihrer Bewegung übermannt. Ich hatte sie vorher gar nicht bemerkt. Ich ging weiter, umtänzelte hie und da die kleinen Wellen. Ich kletterte über einen Wellenbrecher, lehnte mich dann gegen die muschelbewachsene Mauer, setzte meine geschliffene Sonnenbrille auf und studierte den vor mir liegenden Strand. Mein Hund bellte. Ein schwarzer Labrador trottete auf uns zu, freundlich mit dem Schwanz wedelnd. Ein Pfiff rief ihn zu seinem Besitzer zurück, einem großen, dünnen Mann, der nickte, als er um mich herumging. Ich strich mit der Hand über den mit Muscheln verkrusteten Wellenbrecher, grub die Finger in Büschel von Seetang, atmete den urzeitlichen Geruch des allverzehrenden Meeres ein. Kein Mensch war zu sehen. In gemächlichem Tempo schlenderte ich weiter, machte mich in Gedanken zu einem physiologischen

Bestandteil von Strand und Meer. Die Identifikation mit der Landschaft vermittelte die Illusion, unsichtbar zu sein.

Ich stolperte über einen Jungen, der mit der Hand in einem Gezeitentümpel nach Krabben fischte. Er zog ein kleines Tier heraus, wedelte damit vor meinem Gesicht herum und gluckste. Ich war drauf und dran, seinen vollen Eimer in den Tümpel zu leeren, konnte mich aber doch noch bremsen und ging weiter. Ich hatte ihn vorher gar nicht bemerkt.

»Beweg dich ganz selbstverständlich«, hatte Tom geschrieben. »Als würdest du hierhergehören.«

Als ich mich dem Dorf näherte, sah ich, dass Leute am Strand lagen. Andere saßen auf der kleinen Promenade in Liegestühlen. Niemand entfernte sich aus dem ausgewiesenen Strandbereich. Ich ging entlang des Wassers darauf zu. So hätte ich schon länger da gewesen sein können. Viele saßen in sich zusammengesackt da, das Gesicht auf den Armen. Als ich auf die schmale Hauptstraße kam, nahm ich meinen Hund an die Leine und steuerte den Tearoom an, ein Haus mit Erker. In der Fensternische war ein Platz frei. Ich bestellte einen Cream Tea. Am Nachbartisch weinte eine ältere Frau. Niemand beachtete sie. »Sie waren schon mal hier«, sagte die Bedienung. Ich nickte.

»Nach dem Dorf«, hatte Tom geschrieben, »denkst du an das Glücksstellenspiel. Eins, drei, fünf, wiederholen. Jetzt bist du am Zug.«

Ich begriff die Vorgabe. Tom und ich hatten das Spiel

früher einmal erfunden, als wir durch eine uns unbekannte Gegend fuhren. Erst wurde eine mehrstellige Zahl ausgewählt. Wir warfen eine Münze, um zu entscheiden, ob es nach rechts oder links gehen würde, dann fuhren wir bis zu der Straße, die der Ziffer an der ersten Stelle entsprach, bogen dem Münzwurf entsprechend ab, und so ging es weiter, bis wir die letzte Ziffer unserer Zahl erreicht hatten. Eine Entdeckungsreise. Wir wussten nie, was uns am Ende unserer Zufallsroute erwartete. Oft hatten wir Glück und gelangten an einen schönen Ort. Ich nannte es das Glücksstellenspiel – wegen der verschiedenen Stellen der Zahl und der Stelle, zu der sie uns führten.

»Irgendwann«, hatte ich zu Tom gesagt, »werde ich auf diese Weise auch meine ganz eigene Glücksstelle finden.«

Tom hatte die seine gefunden, und ihre Sicherheit war jetzt mein Ziel. Und weil es nicht klug gewesen wäre, den Weg dorthin in einem Brief zu beschreiben, den sie hätten lesen können, hatte er diese Methode gewählt, um mich zu sich zu leiten.

Was immer geschehen würde, nachdem ich das Dorf verlassen hatte, ich durfte nicht von Toms Ziffernfolge abweichen; jede Umkehr konnte Verwirrung stiften und dazu führen, dass ich nicht mehr auf den richtigen Weg zurückfand. Bevor ich zu der Straße ging, die aus dem Dorf hinausführte, umrundete ich den Dorfanger und fütterte die Enten im Teich mit einem süßen Brötchen, das ich vom Teetrinken übrig hatte. Ich trat rasch zur Seite, als zwei Jungen auf mich zurannten. Ich hatte sie gar nicht bemerkt. Ich setzte mich auf die Holzbank unter den überhängenden Ästen eines Baums, der zu dem Haus im ummauerten Garten gehörte. Die Szenerie war mir vertraut. Ich kannte jede Einzelheit, der Anblick, der sich mir bot, enthielt viel von meinem früheren Leben. Ich war versucht zu bleiben. Doch da ich weder hier wohnte noch, streng genommen, zu Besuch hier war, musste ich weiter.

Neben der Straße, die aus dem Dorf hinausführte, lehnten zwei Jugendliche an einem Wegweiser. Der eine wollte auf mich losgehen. Der andere hielt ihn zurück. Ich ging weiter, war mir bewusst, dass sie mich beobachteten. Ich seufzte vor Erleichterung, als die Straße eine Kurve beschrieb, sodass sie mich nicht mehr sehen konnten. Nach etwa elf Minuten kam ich zur ersten Abzweigung nach links. Zollhäuschen beiderseits der Straße schienen mir ein verheißungsvoller Einstieg. Die Straße war schmal und gewunden, Bäume zu beiden Seiten bildeten ein Laubdach darüber. Es ging leicht bergauf. Rechter Hand war eine Lichtung im Wald. Vor einem hölzernen Gatter saß ein Reiter auf seinem Pferd. Zuerst bemerkte ich ihn gar nicht. Er tippte an seine Mütze. Ich erwiderte den Gruß mit einem Nicken. Der Anstieg wurde etwas steiler. An einer weiteren Kurve wieder ein Reiter, reglos vor einem hölzernen Gatter, das zu einer Waldlichtung auf der anderen Seite der Straße führte. Ich schickte mich an, ihm zuzunicken. Er tippte nicht an seine Mütze. Das

Pferd schnaubte meinen Hund an. Ich sah mich nicht um, hörte aber, dass der Reiter die Straße überquerte und in die Richtung davontrabte, aus der ich gekommen war.

Das Laubdach über der Straße wurde dichter. Ich blieb stehen und lauschte. Nur ein paar einander zugurrende Ringeltauben waren zu hören. Einigermaßen beruhigt eilte ich weiter, bestrebt, wieder in offeneres Gelände zu kommen. Plötzliche Panik: Hatte ich eine Abzweigung übersehen? Ich war so darauf konzentriert gewesen, voranzukommen, dass ich nicht mehr aufgepasst hatte. Jetzt war eine in Sicht. Ich tat meine Befürchtungen ab und zählte diese als die erste von drei Abzweigungen nach links. Wenig später folgte die zweite. An der Ecke stand eine Jagdhütte. Eine Frau saß in einem ungepolsterten Lehnstuhl; sie sah mir nach, als ich vorbeiging. Ich schaute mich noch einmal nach ihr um. Sie war ins Haus gegangen. Vor mir lichtete sich der Wald, das Laubdach über der Straße endete. Als ich wieder ins Sonnenlicht trat, sah ich, dass ich oben auf einem Hügel angelangt war und die Straße sich nun wieder nach unten wand. In der Ferne sah ich einen Fluss, und auch die dritte Abzweigung nach links war auszumachen.

Üppiges Wiesenland zu beiden Seiten befreite mich von der klaustrophobischen Benommenheit, die mich unter den ausladenden Baumkronen erfasst hatte. Ich schaute auf die Uhr, es war schon fast sechs. Wie lange noch?, fragte ich mich. Ich ging bergab und gelangte bald zu einer kleinen Brücke, die über den Fluss führte. Auf ihrem höchsten Punkt blieb ich stehen und schaute nach unten. Eine junge Frau saß am Ufer und ließ die Beine ins Wasser baumeln. Sie lächelte zu mir herauf. Ein junger Mann, den ich gar nicht bemerkt hatte, kraxelte aus dem Fluss und packte die junge Frau am Arm. Sie machte eine protestierende Geste. Er schlug ihr ins Gesicht. Sie beugte den Kopf zu ihrem Schoß. Er richtete sich auf und starrte zu mir hoch. Ich ging weiter, ließ den Fluss hinter mir.

Mechanisch nahm ich die dritte Abzweigung nach links und versuchte dabei, den hässlichen Vorfall aus meiner Erinnerung zu tilgen. Fast unmittelbar ging eine weitere Straße nach links ab, die ich im Geiste als die erste von fünf vermerkte, Toms letzter Ziffer.

Ein paar nicht weit voneinander entfernt liegende nichtssagende Wohnhäuser schienen einen Weiler anzukündigen. Ich war wachsam, war mir wohl bewusst, dass Querstraßen folgen könnten. Doch es kamen keine, und ein Dorf gab es auch nicht. Mir war heiß, ich war müde und durstig. An der nächsten Abzweigung sah ich einen Pub. Ich ging hinein und bestellte einen Cider, den ich zu der Bank im Vorbau mit hinausnahm. Drei Männer kamen der Reihe nach heraus, betrachteten mich ein Weilchen und gingen wieder hinein. Ich ließ mein Glas auf der Bank stehen. Schritte hinter mir. Ich eilte weiter. Jemand fasste mich am Arm.

»Ihre Hundeleine«, sagte der Mann und reichte sie mir.

Ich dankte ihm, verstört über meine panische Reaktion.

An der nächsten Kreuzung eine normannische Kirche. Ich ging durch das überdachte Friedhofstor und hielt auf die Vorhalle zu. Die Tür war nicht verschlossen. Ich trat ein. Durch Buntglasfenster schien die Abendsonne herein und tauchte das Längsschiff in sanftes Licht. Ich starrte den gemarterten heiligen Sebastian an, lang gestreckt und gelblich, zu seinen Füßen ein dünner schwarzer Hund. An einer Säule am südlichen Bogen der Kanzel sah ich einen Kreis von zehn Zentimetern Durchmesser, wahrscheinlich das Zeichen eines Steinmetzes. An der nördlichen Wand des Längsschiffs ein steinerner Kopf, die Augen geschlossen, der Mund geöffnet. Ich fuhr die Gesichtszüge mit dem Finger nach. Der Boden war mit Steinplatten ausgelegt. Er war feucht. Ich erschauerte und wandte mich dem Ausgang zu. Eine Frau mit Hut saß in einer der Kirchenbänke. Ich nahm meinen Hund auf den Arm, warf ein paar Münzen in den Opferstock und ging hinaus. In der Nähe der Vorhalle standen zwei hohe Steine, die ich vorher nicht bemerkt hatte.

»Der Dorfpranger.« Die Frau aus der Kirche stand hinter mir. »Früher natürlich.«

»Natürlich«, sagte ich.

Sie stolperte davon. Während ich ihr nachsah, bemerkte ich den aus Feuerstein gebauten Rundturm an der Kirche: ein Wachturm. Früher hatte man von solchen Türmen nach nahenden Invasoren Ausschau gehalten. Als ich hinaufspähte, meinte ich eine Bewegung zu sehen, ein Gesicht, eine Gestalt, die sich meinem Blick entzog. Vielleicht war es auch nur eine Eule, die sich für ihren nächtlichen Flug aufwärmte.

Nach der Kirche die vierte Abzweigung. Es begann jetzt zu dämmern. Ich hoffte, dass es bis zur letzten Abzweigung nicht mehr allzu weit war. Die Straße war staubig, schmal, eigentlich eher ein Feldweg, und bog mal nach links, mal nach rechts, in zahlreichen Windungen. Ich verlor die Orientierung. Vor mir ein hölzernes Gatter. Fast hätte ich die fünfte Abzweigung nach links verpasst. Wieder ein Feldweg, entlang der Rundung eines Waldstücks. Ich sah jetzt, dass ich mich auf einem Hügel befand, mit Blick auf weite Wiesen. In der Ferne sah ich einen Fluss, wahrscheinlich war es der, den ich zuvor überquert hatte. Der Weg endete abrupt. Weit und breit kein Haus in Sicht. Ich hatte keine Ahnung mehr, wo ich war. Hatte ich mich verzählt? Irgendwo unterwegs eine Abzweigung verpasst? Ich drehte mich mehrmals um die eigene Achse, auf der Suche nach irgendeinem Hinweis. Hinter mir im Wald regte sich etwas. Mein Hund bellte. Das Geräusch schlagender Flügel. Vielleicht ein Fasan. Ich hörte einen Schuss. Hatte Tom sich verrechnet? Nicht weit von mir entfernt trat ein Mann mit einem Gewehr aus dem Wald. Er warf mir einen Blick zu, dann trottete er auf dem Weg, der mich hergeführt hatte, davon. Die Stille war beängstigend. Kein Vogel war zu hören – sie hatten sich schon für die Nacht zurückgezogen.

Der Mond zeichnete sich schwach am Himmel ab. Hier und da wurden Gruppen von Sternen sichtbar. Es versprach eine helle, klare Nacht zu werden. Als ich auf den Weg zurückblickte, auf dem ich gekommen war, fiel mir linker Hand eine Abzweigung ins Auge. Beim Herkommen hatte ich nur auf die nach links abgehenden Wege geachtet, war mir der Abzweigungen auf der anderen Seite nur vage bewusst gewesen. Dann fiel es mir wieder ein. Wiederholen, hatte Tom geschrieben, eins, drei, fünf, wiederholen. Ich rannte zu der Abzweigung, es war ein von hohen Hecken gesäumtes Sträßchen, das nach links und bergab führte. Unten eine Kreuzung. Ich bog erneut links ab. Der Mond hatte fast seine volle Leuchtkraft erreicht und spendete mir das nötige Licht. Dann sah ich die Kirche, die normannische Kirche von vorher. Über einen Umweg kehrte ich gerade auf meine ursprüngliche Route zurück. Meine nächste Abzweigung würde mich zu dem Pub führen. Dort würde ich etwas zu essen und zu trinken bekommen. Als ich die alten Prangersteine berührte, sah ich wieder die Frau mit dem Hut, die mich von der Vorhalle aus beobachtete. Sie kam zu mir herüber. »Sie sind hier nicht willkommen«, sagte sie.

Sie trug eine große runde Brille. Sie hatte den Mond im Rücken, ich konnte ihre Gesichtszüge, ihre Miene nicht erkennen.

»Der heilige Sebastian wird Sie nicht beschützen«, fügte sie hinzu.

»Seine Wunden waren nicht tödlich.« Meine Antwort kam instinktiv.

Sie zischte mich an und hastete in die Kirche zurück. Ich fühlte mich schwach und stützte mich an dem alten Pranger ab, die Arme zwischen den beiden aufrecht stehenden Steinen ausgebreitet. Ich schüttelte den Kopf, um eine momentane Trübung meiner Sicht zu beseitigen, und hob ihn dann zu dem Wachturm aus Feuerstein. Ein Mann schaute herunter. Ich eilte davon, dem Pub entgegen. Ich versuchte mich daran zu erinnern, was ich auf dem Herweg rechts von der Straße wahrgenommen hatte. Gemäß Toms zweiter Ziffer musste ich eine weitere Abzweigung nehmen. Ich erinnerte mich an keine. Das bedeutete, dass ich wieder über den Hügel, die Flussbrücke, an der Jagdhütte vorbei- und die von Laubkronen überdachte Straße entlanggehen musste. Ich fragte mich, ob ich das Ganze abbrechen und im Pub übernachten sollte, falls das möglich war.

»Wohin soll's denn gehen?« Es war der Mann, der mir vorher die Hundeleine gebracht hatte, nachdem ich sie auf der Bank vor dem Pub hatte liegen lassen. Er war jünger, als ich ihn in Erinnerung hatte.

»Zur Hauptstraße«, sagte ich.

»Ich kann Sie mitnehmen«, sagte er.

Ich zögerte.

»Das ist ein ganzes Stück«, sagte er.

Ich folgte ihm hinaus.

Er hatte einen Kleinlaster, der nach Stroh und Kuhmist roch.

»Die werden heute Abend zugange sein«, sagte er, »und nach Leuten Ausschau halten, die außerhalb ihres Gebiets unterwegs sind.« Er stellte keine Fragen.

Ich war froh über das Verdeck seines Wagens. Es vermittelte ein Gefühl von Schutz. Wir fuhren über die Flussbrücke. Ich sah mehrere Leute auf dem Treidelpfad, sie ließen Taschenlampen aufblitzen.

»Halten Sie doch ein Schläfchen«, sagte mein Fahrer.

Ich machte es mir auf dem Sitz bequem. Mein Fahrer verlangsamte das Tempo. Ohne hinauszuschauen, wusste ich, dass wir die Jagdhütte erreicht hatten.

»Die kennen meinen Laster hier«, sagte er. Mir wurde klar, dass er abgebremst hatte, damit man ihn leichter identifizieren konnte. Ich erhaschte einen Blick auf die Frau in der Jagdhütte, die in die Fahrerkabine spähte, als wir vorbeifuhren. Mein Fahrer wischte mit dem linken Arm über die Windschutzscheibe, sodass ich verdeckt wurde. Wo das Laubdach über der Straße begann, beschleunigte er wieder. Im Licht seiner Scheinwerfer sah ich die beiden Reiter, auf jeder Seite der Straße einen. Der auf der rechten Seite ritt auf die linke Seite hinüber. Sein Pferd wieherte. Ich erschauerte, sagte aber nichts. An der Hauptstraße hielt mein Fahrer an. Ich dankte ihm. Er streichelte meinen Hund.

Ich bog nach links. Es blieben die fünf Abzweigungen von Toms letzter Ziffer. In einer scharfen Kehre ging eine Straße von der Hauptstraße ab und führte mich fast unmittelbar zu einer weiteren Linksabzweigung. Erleichtert, dass zwei Abzweigungen so dicht aufeinander folgten, bog ich ein. Vor mir ging es steil bergab. Der Weg sah sehr dunkel aus. Ich nahm meinen Hund an die Leine und ging vorsichtig weiter. Nach kurzer Zeit hörte ich Schritte. Ich blieb stehen. Die Schritte waren nicht mehr da. Ich ging weiter. Nun hörte ich die Schritte wieder. Ein helles, hallendes Geräusch. Es war schummrig. Ich blickte nach oben. Ich hatte gar nicht bemerkt, dass ich durch einen Tunnel ging. Was ich hörte, war das Echo meiner eigenen Schritte. Ich seufzte erleichtert und wischte mir den Schweiß aus dem Nacken. Über meinem Kopf ein seltsames Klopfen, keine Schritte, aber etwas Ähnliches. Ich horchte aufmerksam. Ich befand mich unter einer Straße, der Straße mit dem Laubdach. Das Geräusch stammte von Pferdehufen. Von mehr als panischer Angst gepackt, ging ich langsam weiter. Vor mir sah ich eine Öffnung. Ich näherte mich dem Ende des Tunnels. Dahinter, linker Hand, sah ich wieder eine Abzweigung.

Wie exponiert würde ich sein, wenn ich aus dem Tunnel kam? Das Stück bis zur nächsten Abzweigung war relativ kurz. Ich beschloss, mich langsam hinzuschleichen. Wenn ich rannte, bestand die Gefahr, dass ich ausrutschte, hinfiel, Geräusche machte, dass mein Hund bellte. Über mir hörte ich die Pferde traben, hin und her, von links nach rechts, immer wieder kreuzten sich ihre Wege. Ich konnte nur hoffen, dass die Reiter sich gerade in der Mitte trafen, wenn ich aus dem Tunnel kam. Ich nahm meinen Hund auf den Arm. Ich bewegte mich vorwärts wie in einem Albtraum.

Hinter mir hörte ich die Pferde. Rasch bog ich nach links in ein Sträßchen, das zwischen hohen Brombeerhecken verborgen lag. Ich lehnte mich gegen die Hecke und seufzte erleichtert. Ich war außer Sicht.

Das Sträßchen beschrieb einen Halbkreis. Ich ließ meinen Hund wieder auf den Boden springen, hielt ihn aber an der Leine. Vor mir sah ich undeutlich den Widerschein von Lichtern eines Hauses. Zwei Jugendliche rannten auf mich zu. Mein Hund bellte. Sie äfften ihn nach, knurrten und jaulten. Ich stolperte über einen alten Meilenstein, fluchte, rieb mir den Knöchel, und dann sah ich die letzte Abzweigung. Ich rannte darauf zu, bog ein, rannte weiter. Und blieb wie angewurzelt stehen. Vor mir war eine Mauer, eine hohe Mauer, das Ende der letzten Ziffer.

Ich hämmerte gegen die Mauer. Ich war wütend und frustriert. Mein Hund bellte, ein mehrmaliges aufgeregtes Kläffen. Ich sah genauer hin. Ich hatte gar nicht bemerkt, dass ein Tor in der Mauer war. Ein Holztor, grün vom Alter. Meine Hände tasteten nach einem Riegel, einem Knauf, einem Schlüsselloch: nichts. Ich lehnte mich mit meinem ganzen Gewicht gegen das Tor – in seinem Alter, seiner Beschaffenheit glich es einem Fels. Entweder es war von der anderen Seite her verriegelt, oder es war als Tor nicht funktionsfähig. Die Mauer kam mir irgendwie bekannt vor. Und dann begriff ich: Es war die alte Mauer rund um das Haus am Dorfanger. Ich hatte etliche Kreise beschrieben, nur um wieder zu ihm zurückzugelangen.

»Hallo«, sagte Tom, als er mir das Tor aufmachte. »Du hast hergefunden. Ich dachte mir, dass du es schaffst.« Er zog mich in den Garten, verriegelte das Tor wieder und gab mir die Hand. »Sie erwarten dich schon«, sagte er.

DER GARTEN

Egon rannte zu der bröckelnden Mauer.

»Vorsicht!«, rief ich.

Er sprang auf die Brüstung. Ich schloss die Augen. Hinter ihm ging es senkrecht nach unten, eine Steilwand ohne jegliche Felsvorsprünge, ganz unten der Strand. Er sprang zurück auf den Rasen und umarmte mich. »Großartig«, sagte er, den Blick wieder auf den Garten gerichtet. »Ich werde jeden Winkel davon malen.«

»Mach das nicht noch einmal«, sagte ich. »Diese Mauer ist jahrhundertealt.«

»So wie der Garten?«

»Ja, wahrscheinlich gibt es den schon ewig. Im achtzehnten Jahrhundert hat sich dann jemand an die Arbeit gemacht, hat die Bäume gebändigt, Laubengänge errichtet, das Sommerhaus gebaut, den Rosengarten angelegt, die Wildnis gezähmt und gestaltet.«

»Ein Lustgarten?« Egon war begeistert. »Zum exklusiven Lustwandeln?«

»Früher schon«, sagte ich. »Jetzt ist er allen zugänglich. Ab und zu wird der Rasen gemäht, ein paar Sträucher werden zurückgeschnitten, neue Blumenzwiebeln gesetzt, beschädigte Bänke ausgetauscht. Was an Mauerwerk noch da ist, verfällt. Auf dieser Seite haben Stürme die Bäume geformt, die Wipfel nach Norden gebogen. Und das Salz in der Luft fordert seinen Tribut.«

»Was für ein Ausblick!« Egon hatte sich wieder umgedreht und schaute aufs Meer hinaus.

Die ganze Herrlichkeit des Hochsommers umgab uns. Der Himmel preußischblau, das Meer von Sonnenlicht überflutet, der Sandstrand ein zimtfarbener Streifen. Von dort betrachtet, wo wir gerade standen, zeigte sich der hoch oben auf dem Kliff gelegene Garten als welliges, vielfältiges Grün, das hier und da vom Gelb, Mauve und Rosa blühender Sträucher gesprenkelt war. Rosmarin- und Lavendelbüsche wuchsen wie Unkraut. Die Fülle an Düften war berauschend. Der feuchte, herbe Geruch frisch gemähten Grases rührte an Kindheitserinnerungen. Egon machte ein paar Purzelbäume und landete mit dem Gesicht auf dem Rasen. Eine kreisförmige Ansammlung von Gänseblümchen umgab sein Gesicht mit einem Heiligenschein. Ich spazierte in Richtung des Rosengartens. Egon lief mir nach. Zusammen betraten wir die von hohen Eibenhecken umfriedete Anlage. Durch die Höhe und Dichte der Hecken wurde der Duft der altmodischen Blüten noch intensiver. Wir setzten uns auf die Steinbank. Wir befanden uns in der Mitte eines vollkommenen Kreises.

»Zauberhaft«, sagte Egon.

»Der reine Luxus«, sagte ich.

Die Farbenvielfalt der Rosen war von einer verschwenderischen sinnlichen Opulenz. Die Hitze, der Duft, die Farben entspannten jeden einzelnen Nerv in meinem Körper. Von dem umhegten Rosengarten aus war das Meer nicht zu sehen. Nur der blaue Himmel, der uns, eingekapselt in diese Üppigkeit, weit überwölbte.

»Und das hast du direkt vor deiner Tür.« Egon schaute zur Seite, in Richtung meines Cottages.

»Komm«, sagte ich. »Ich zeige dir den Tunnel.«

Außerhalb der Eibenhecken kam es einem fast kühl vor, so überhitzt war das Blut nach der Zeit im Rosengarten. Ich führte Egon wieder zu der zentralen Stelle des Gartens, einem Konklave von Bäumen, das den steil abfallenden Zugang zum Tunnel verbarg. Ein gewaltiger Stollen, mit Backstein ausgemauert, feucht und dunkel, ein gruseliger Abstieg zu einem hohen schmiedeeisernen Tor, durch das eine sonnige Landschaft glitzerte.

Egon rief seinem eigenen Echo etwas nach, während wir fast im Laufschritt auf das Tor zuhielten.

Drei Kinder rannten an uns vorbei, pfeifend.

»Manchmal«, sagte ich, »schließen sie das Tor ab.«

Jetzt war es nicht verschlossen. Die Kinder stießen es auf, und wir folgten. Wir standen auf dem Strand, vor uns das Meer. Wir schauten das Kliff hinauf, blendende Weiße. Wir liefen auf die Wellen zu. Mein Hund buddelte fieberhaft im Sand. Die Kinder sausten johlend an uns vorbei, platschten ins Meer.

»Herrgott!«, sagte Egon und lief ihnen nach. Er bekam eins der Kinder zu fassen. Sie brüllten ihn an. Egon beschimpfte sie. Sie rannten davon. Als er zurückkam, hielt er ein kleines nasses Tier auf dem Arm. Es war ein Fuchswelpe.

»Sie haben versucht, ihn zu ertränken«, sagte er.

»Am besten nehmen wir ihn mit in den Garten hoch«, sagte ich. »Da gehört er hin.«

Egon versuchte das Fuchsjunge mit dem Taschentuch abzutrocknen. Es biss ihn. Wir stießen das Tor auf und ließen das Tier laufen. Es huschte durch den Tunnel davon. Egons Hand blutete heftig.

»Wir sollten schnell nach Hause«, sagte ich, »und deine Wunde desinfizieren.«

Durch den Garten, an Sommerhaus und Rosengarten vorbei, gingen wir zu meinem Cottage. Von meinem Gartentor aus konnte ich einige der Bäume im Garten und ein Stückchen von der Mauer sehen.

»Nur gut, dass es die Linke ist«, sagte Egon.

»Im Garten ist es leicht, an anderes zu denken«, sagte ich.

»Ich denke eigentlich die meiste Zeit an anderes«, sagte Egon. »Ich habe so viel zu tun. Ich lasse mich nicht aufhalten.«

Nach dem Tee zeichnete Egon eine Skizze nach der anderen, er arbeitete schnell, unter Hochdruck. Es ging immer um den Garten. Er hatte meinen Schuppen übernommen, nutzte ihn als Arbeitsraum. Sein Atelier in London hatte er verloren. Im Zuge einer Nachlese, so nannten sie das – wie wenn in der Landwirtschaft die Reste der Ernte eingesammelt werden. Jeder Protest wäre sinnlos gewesen. Er ging fort, nahm mit, was er nach der Zerstörungsaktion an Material noch aus den Trümmern hatte retten können. Es war ein willkürlicher Akt gewesen, Zufall. Das Atelier neben dem von Egon hatten sie nicht angerührt. Eines reichte als Warnung.

Später am Abend schauten wir im Bootshaus vorbei. Wir saßen auf Mikes Veranda, tranken Muscadet und schauten aufs Meer hinaus. Die Hitze des Tages hing noch in der Luft. Wir waren auf dem Herweg niemandem begegnet. Abends blieben die Leute meistens zu Hause.

»Warum hast du aufgegeben?« Egon forderte Mike heraus.

»Habe ich gar nicht«, sagte Mike. »Ich ruhe nur etwas aus. Der Bootsbau liegt mir eh im Blut. Altes Familiengewerbe. Ich dachte, ich mache mir das zunutze, während ich abwarte.« Er hielt kurz inne. »Und die Entwicklung beobachte.«

»Ich werde niemals aufgeben«, sagte Egon.

Mike lächelte. »Ich nutze die Zeit, um Kraft zu tanken. Wenn sich die Lage entspannt, werde ich bereit sein.«

»Wird das je passieren?«, fragte ich.

»Vorerst wohl nicht«, sagte Mike. Er war Bildhauer. Nachdem sie ihn an der Ostküste einer Nachlese unterzogen hatten, war er in den Süden gegangen, zurück zu seinen Wurzeln, und hatte sich dem Handwerk seines Vaters zugewandt. Da es nützlich war, wurde das gebilligt, allerdings überwacht. Einzeln ausgeübte künstlerische und handwerkliche Tätigkeiten waren nicht gesetzlich untersagt, wurden aber nicht unterstützt. Teamwork war die vorgegebene Norm.

»Morgen gehe ich mit meinem Skizzenbuch in den Garten«, sagte Egon.

»Mach langsam«, sagte Mike. »Sie führen gerade eine Inspektion dieser Gegend hier durch. Wer einer Nachlese unterzogen wurde, steht auf ihrer Liste.«

Sie diskutierten eine gute Stunde lang. In ein paar Tagen würde Thoby kommen und Egon etwas Vorsicht lehren.

»Lass uns durch den Garten heimgehen«, sagte Egon. Er war vom Garten besessen.

Wir hörten die Füchsin nach ihren Jungen rufen, ein gespenstischer Laut. Jemand rannte durch den Tunnel nach unten. Wir hörten das Echo von Schritten. Dann das Scheppern des Tors, als es erst auf-, dann wieder zugestoßen wurde. Der Mond warf Bahnen von Licht. Ein leichter Wind kam vom Meer. Das hölzerne Gitterwerk des Sommerhauses sah im Mondlicht wie Spitze aus. Wir gingen hinein. Eine junge Frau lag ausgestreckt auf dem Boden. Sie stöhnte. Eine Sirene heulte. Zwei Sanitäter erschienen mit einer Trage. Wir stellten uns draußen hin. Die junge Frau wurde fortgebracht. Ein anderer Mann, den wir nicht hatten kommen sehen, ging mit einem Eimer hinein. Er streute Sägespäne über das klebrige Blut und ging wieder. Es gab nichts zu sagen: Man stellte keine Fragen.

Wir gingen langsam zu der Mauer am Rand des Kliffs. Auf dem Meer, am Ende der Mole, war eine dreistöckige, quadratische Plattform vertäut. Ihre Lichter spiegelten sich auf der gekräuselten Wasseroberfläche.

»Was ist denn das?«, fragte Egon.

»Eine Überwachungsplattform«, sagte ich. »Sie ziehen die Küste entlang. Mike hat recht. Jetzt sind wir dran.«

Undeutlich sahen wir Männer die Leitern hinauf- und hinuntersteigen und auf den verschiedenen Ebenen herumwuseln. In der Ferne hörten wir den Krankenwagen.

Morgens gegen vier weckte ich Egon, um ihm meinen Traum zu erzählen.

»Ich habe von meinem Tod geträumt«, sagte ich. »Ich war auf den Rücken eines Pferdes geschnallt. Ein behelmter Soldat hat mit einer Lanze, an deren Spitze ein riesiger Hammer befestigt war, auf meinen Rücken geschlagen. Drei Mal. Ich habe das Pferd schreien hören. Der Soldat war völlig unpersönlich. Wir waren auf der Loggia eines hohen, eckigen Turms. Die Sonne war mediterran. Ich habe meine Augen gesehen, sie waren blau. Es war ein fürchterlicher Schmerz. Ich spüre ihn immer noch.«

Egon strich mir sanft über den Rücken. »Herrgott noch mal!«, sagte er dann. »Die Bisswunde ist wieder aufgegangen.« Er wischte sein Blut von meiner Haut.

Ich kochte Tee und öffnete die Fenster. Ich konnte das Meer riechen, die Wellen hören. Die Dämmerung kündigte sich schon an. Jemand kam durch mein Gartentor. Mein Hund bellte.

»Hallo«, sagte Thoby. »Ich bin gekommen, so schnell ich konnte. Ich dachte, ihr braucht mich vielleicht.«

»Ich will die Morgendämmerung im Garten einfangen.« Egon zog sich Jeans und einen Pullover an, griff nach Skizzenbuch und Bleistiften und ging hinaus.

»Und wir frühstücken dann im Freien – *à la belle étoile.*« Thobys Grinsen war beruhigend. »Ich komme von der Insel«, sagte er. »Habe mein Boot bei Mike gelassen.«

»Egon ist leichtsinnig«, sagte ich.

»Deshalb bin ich hier«, sagte Thoby. »Ich dachte mir schon, dass er bei dir ist.«

»Kannst du ihn …« Ich zögerte.

»Aufhalten? Nein, das würde ich nicht tun. Ich kann nur auf ihn achtgeben. Die Zerstörung seines Ateliers hatte eine inspirierende Wirkung. So etwas hält man nicht auf.«

»Nicht einmal, wenn …?«

»Würdest du denn wollen, dass ich dich aufhalte?« Thoby streckte mir die Hand hin.

Nachdem wir gefrühstückt und gebadet hatten, gingen wir ins Dorf. Auf dem Dorfanger sahen wir das laminierte Hinweisschild: *Inspektionsgebiet.* Das leichte Unbehagen, das in der Luft lag, störte uns nicht. Wir betrachteten es als eine natürliche Reaktion. Inspektionen waren eine zwiespältige Angelegenheit. Niemand wusste so recht, wie sie abliefen. Es gab widersprüchliche Gerüchte. Die mit der Inspektion Beauftragten agierten willkürlich. Manchmal blieben sie auf ihrer Plattform, manchmal kamen sie an Land. Es galt als unklug, sein eigenes Gebiet zu verlassen, wenn sie in der Nähe waren. Die Rede war von versteckten Weitbereichfernsehkameras; es gab Hinweise auf Funkverkehr. Am besten war es, das alles nicht zu beachten, oder vielmehr, sich nicht anmerken zu lassen, dass man es beachtete. Am besten machte man einfach weiter wie immer. Einige hielten den Druck nicht aus und brachen zusammen, wobei niemand Genaueres über das Ausmaß der erlittenen Überprüfung sagen konnte. Gelegentlich kam es zu einer Nachlese, meist bei jemandem, der allein tätig war, ob künstlerisch oder handwerklich. Eine fast desinteressierte Zerstörung der Arbeiten erfolgte. Mehr nicht, es sei denn, die Person, deren Arbeiten es waren, wehrte sich.

»Mir ist wieder eingefallen«, sagte ich zu Thoby, »diese junge Frau gestern Nacht –« Ich berichtete Thoby von dem Vorfall. »Sie war Weberin.« Mir fiel noch mehr ein. »Sie hat an einer Serie von Mustern gearbeitet, die vom Garten inspiriert waren.«

Ich trieb Thoby zur Eile an, wir nahmen eine Seitenstraße. Vorsichtig näherten wir uns der Scheune, die sie als Werkstatt genutzt hatte. Die Fenster waren eingeschlagen. Wir schauten hinein. Der Webstuhl war zertrümmert. Eine schwarze Katze strich mir um die

Beine. Thoby ging hinein und fand etwas Futter und Milch für sie. Wir kehrten auf die Hauptstraße zurück und erledigten unsere Einkäufe.

Der Zustrom von Zaungästen überraschte mich nicht. Sie folgten den Inspektionen wie Heuschreckenschwärme. Sie bewegten sich träge durch die überwachten Gebiete, linderten ihre Apathie durch kleine Akte des Vandalismus, schmissen ihren Müll auf die Straße, starrten alle, denen sie begegneten, mit böser Absicht an, stießen Leute aus dem Weg. Sie ermunterten ihre Kinder, die Haustiere mit Steinen zu bewerfen, häufig endete das tödlich. Nachts schlichen sie unter den Fenstern herum, spähten hinein, wo es möglich war, heulten laut, wenn sie glaubten, dass die Bewohner schliefen, zerschlugen Milchflaschen, warfen mit Bierdosen, und oft verrichteten sie vor den Haustüren ihre Notdurft. Äußerlich waren sie von gleichförmiger Hässlichkeit, ihre Bewegungen hatten etwas Groteskes. Sie hielten Ausschau, waren angereist, um die Nachlese mitzuerleben, zu der es bei einer Inspektion immer kommen konnte. Wenn nichts geschah, wurden sie eine Spur reizbarer und ließen ihre unterdrückte Grausamkeit in bösartigen Gewalttaten heraus – ob es die Zerstörung eines Gartens war oder die brutale Misshandlung einer streunenden Katze. Kam es dagegen zu einer Nachlese, schwärmten sie zum Schauplatz der Zerstörung, angenehm erregt von jedem Detail des Geschehens, die Gesichter vor Wonne aufgedunsen. Nur in diesen Momenten sah man sie lächeln. Danach reisten sie genauso träge wieder ab, wie sie gekommen waren.

Wir machten uns auf den Weg zum Garten. Den betraten die Zaungäste nicht. In kleinen Gruppen lungerten sie außerhalb der bröckelnden Mauern. Wir fanden Egon. Als wir auf die Straße zurückkamen, fiel ihm sein Skizzenbuch herunter und öffnete sich dabei. Ich bückte mich, um es aufzuheben. Die Zaungäste umringten mich. Egon schnellte nach vorn. »Das ist meins«, sagte er trotzig. Die Zaungäste murmelten untereinander. Thoby hielt Egon davon ab, weiter mit ihnen zu reden.

Mike erwartete uns, als wir zurückkamen. Er blieb zum Mittagessen. Beim Kaffee sagte er: »Zwei von ihnen sind heute in mein Bootshaus gekommen. Eine kleine Reparatur an einem ihrer Skiffs. Ich habe dafür gesorgt, dass sie sich ausgiebig umsehen konnten. Ich habe einen Helfer eingestellt, um den Eindruck eines florierenden Teamwork-Betriebs zu erwecken.« Er hielt kaum merklich inne. »Die kommen nicht wieder. Ich würde vorschlagen, Egon, dass du mit deinen Arbeiten vorübergehend zu mir umsiedelst. Wir wollen ja nicht, dass dieses Haus hier zum Ziel wird, oder?«

»Dafür bin ich ja da«, sagte Thoby. »Damit wir ein Team sind.«

»Ich habe keine Angst«, sagte ich.

»Wir schreiben zusammen ein Buch, du und ich.« Thoby grinste. »Ich setze mich mit einem Stapel Nachschlagewerke auf dem Schoß neben dich, und du arbeitest.«

»Ich höre nicht auf, nicht mal vorübergehend«, sagte Egon.

»Natürlich nicht.« Thoby blätterte Egons Skizzenbuch durch. »Das reicht doch für die Gemälde.«

»Noch nicht.« Egon stand auf. »Ich habe mir die Eibenumfriedung für heute Nachmittag aufgehoben.«

»Könnte das nicht warten?« Ich musste es fragen.

»Nein, meine Liebe«, sagte Egon, »wenn ich warten muss, drehe ich durch.«

Ich sah ihm nach. Am Tor warf er uns eine Kusshand zu.

Mike und Thoby luden Egons Kram aus meinem Schuppen in Mikes Transporter.

Ich ging mit meinem Hund an den Strand, setzte mich hin und schaute ungefähr eine Stunde lang aufs Meer. Die Plattform sah aus wie ein riesiger Kran. Auf ihr regte sich nichts. Am Strand waren keine Zaungäste. Nur ein paar Kinder, die herumplatschten. Ich stand auf und ging in Richtung des Tunnels, der zum Garten hochführte. Dort, an der Felswand rechts und links vom Eingang, lümmelte jeweils eine Gruppe Zaungäste. Fast hätte ich wieder kehrtgemacht. Ich nahm meinen Hund an die Leine und stieß das Tor auf. Es knallte hinter mir zu. Sie machten keine Anstalten, mir zu folgen. Ich ging den Tunnel hinauf, bewusst gemächlich. Als ich zwischen den Bäumen herauskam, spürte ich die Hitze des Tages und nahm die Gartendüfte wahr. Von meinem Standpunkt aus konnte ich den Garten in seiner Gesamtheit sehen. Ich pflückte einen

Zweig Rosmarin, roch an den kleinen blauen Blüten. Ein undefinierbares Geräusch war zu hören, und ich sah mich aufmerksam um. Jenseits der bröckelnden Mauer standen die Zaungäste, aufgereiht wie Wachen, und spähten herein. Was ich hörte, war der Klang gemeinschaftlicher freudiger Erwartung.

»Egon«, rief ich, dann verstummte ich.

Auf Umwegen begab ich mich zu der Eibenumfriedung. Egon war nicht dort. Etwas im Gras Liegendes fiel mir ins Auge. Ich hob es auf. Es war ein Bleistift der Stärke 5B. Ich setzte mich auf die Bank und machte mir Sorgen. Die Farben der Rosen in meinem Blickfeld verschmolzen. Das Geräusch von draußen war jetzt deutlicher vernehmbar. Es schwoll an, begriff ich. Dann plötzliche Stille. Thoby kam hereingerannt.

»Hast du ihn gesehen?«, fragte er.

Ich zeigte ihm den 5B-Bleistift.

»Sie sind zu deinem Schuppen gekommen, haben nichts gefunden und sind wieder gegangen«, sagte Thoby.

Wir verließen die Eibenumfriedung. Die Reihe der wartenden Zaungäste hatte sich verdoppelt.

»Sie haben einen Riecher für Gefahr«, sagte Thoby. »Gefahr für andere.«

»Warum kommen sie nicht in den Garten?«, fragte ich.

»Misstrauen«, sagte Thoby. »Der Garten ist Schönheit, Sinnlichkeit, Geheimnis, Phantasie. Sie ahnen eine Falle.«

»Und wir kommen genau wegen alldem hierher?«

»Ja, es ist unsere Falle. Die Zaungäste ziehen Beton vor. Denk an ihre Leidenschaft für Marinas – nicht für die Boote, sondern für die Parkplätze, die Spielhallen, den Wildwuchs von Gaststätten und Hochhäusern. Sie sehen es gern, wenn das Meer durch Beton aus seinem natürlichen Raum verdrängt wird. Die Strände missfallen ihnen aus dem gleichen Grund: Im Meer zu schwimmen ist eine zu unbehagliche Freiheit, sie ziehen Schwimmbäder vor. Nichts gefällt ihnen besser, als im Auto zu sitzen und aus dem sicheren Hafen eines monströsen Marina-Vergnügungskomplexes aufs Meer zu blicken.«

»Unsere Falle?« Ich griff das Wort auf. »Wird der Garten deshalb nicht angerührt?«

»In gewisser Weise schon. Wir spazieren ja ganz von selbst hinein, oder? Angezogen von der gefährlichen Phantasie, die er verkörpert. Ja«, Thoby sah einen Augenblick lang traurig aus, »wir spazieren bereitwillig in die Falle.«

»So wie jetzt Egon?«, fragte ich.

Dann sahen wir sie, zu dritt gingen sie mit großen Schritten zwischen den Zaungästen hindurch und betraten den Garten. Sie hielten auf das Sommerhaus zu.

Die Tür des Sommerhauses ging auf. Egon trat heraus, sein Skizzenbuch umklammernd. Er sah sie. Einen Moment lang stand er reglos da, dann rannte er los.

»Halt ihn auf«, sagte ich.

Thoby lief ihm nach, aber er war nicht schnell genug.

Sie umringten Egon. Er warf das Skizzenbuch nach ihnen und rannte zu der Mauer am Rand des Kliffs. Er sprang auf die Brüstung. Sie rückten ihm auf die Pelle. Ich hob das Skizzenbuch auf. Egon lachte. Er fiel nach hinten, die Arme abgespreizt. Die drei Männer wandten sich um und marschierten auf die Zaungäste zu.

Wie gelähmt sah ich die Zaungäste träge abziehen. Thoby rannte zum Tunnel. Ich warf den 5B-Bleistift ins Gras und eilte ihm hinterher.

Egons lebloser Körper war gegen das Tor gelehnt. Durch das Öffnen des Tors versetzte Thoby ihm einen Stoß, und er fiel schlaff zur Seite. Bevor Thoby mich davon abhalten konnte, beugte ich mich hinunter. Thoby zog mich wieder hoch. Ich starrte auf das Blut an meiner Hand.

»Hol Mike her«, sagte Thoby.

Ich ging wieder durch den Garten, vorbei an Sommerhaus und Rosenumfriedung und dann ins Dorf, und da sah ich, wie sie das *Inspektionsgebiet*-Schild abbauten. Ich hielt immer noch Egons Skizzenbuch, es war fleckig von dem Blut an meiner Hand.

HALLO SCHATZ

»Hallo Schatz«, sagte ich jeden Tag zu jedem Morgen. Ein Gruß an Raum und Zeit. Ein Ritual. Um in Übung zu bleiben. Es war durchaus möglich, dass es, durch den Raum und zu gegebener Zeit, gehört wurde. Ich öffnete die Fenster und roch die Üppigkeit des Sommers. Ich ging in den Garten hinaus und schaute, welche Knospen über Nacht neu aufgeblüht waren, berührte die oleanderartige Weichheit der rosablättrigen, melonenförmigen Hortensienblüten, begoss meine Sammlung von Strandkieseln auf den Fenstersimsen, Almosen für das Schicksal. Rundum benässt, schimmerten sie in einer Fülle gedämpfter Farben. Ich setzte mich in den Garten und ließ mir von der Sonne den Schweiß aus den Poren treiben.

Ich konnte das Meer sehen, eine blaue Glückseligkeit. Wenn Tim kam, würden wir schwimmen gehen. Mein Hund lief den Hang zum Strand hinunter. Er schnappte nach einem Stück Treibholz und brachte es mir ans Tor. Ich ging wieder hinein, räumte auf, nahm ein Bad. Sonnenstrahlen fielen durch die vielfarbige Glasscheibe, die Tim für mich gemacht hatte. Ich berührte sie, tastete über die tröpfchenförmigen Erhebungen, jeder Farbton des Spektrums war enthalten. Das Haus war bereit für Gäste.

Tim brachte einen Korb Pflaumen mit. Wir nahmen ein paar davon mit an den Strand.

»Schließt du nicht ab?« Tim schaute zum Cottage zurück.

»Nützt doch eh nichts«, sagte ich.

Wir spielten Delfin, planschten in den Wellen herum. Tim schwamm weit hinaus. Ich ließ mich auf dem Rücken treiben. Am Rand des Wassers bellte mein Hund. Ich konnte die obere Hälfte des Turms sehen.

Nachdem wir uns von der Sonne hatten trocknen lassen und die Pflaumen gegessen hatten, gingen wir ins Dorf, an dem Turm vorbei, der fensterlos war. Das graue Häuschen zwei Straßen weiter sah mit seinen heruntergezogenen Rollos unbewohnt aus.

»Keine Neuigkeiten?«, fragte Tim.

Ich schüttelte den Kopf, und der Schmerz schoss wieder hinein, versehrte die Erinnerung.

Im Dorfladen kauften wir Eier, Brot und Tomaten. Das Paar, das in dem Haus neben meinem wohnte, stand draußen auf dem Gehweg und zankte. Die Ladeninhaberin grinste freudig. »Es ist eine Form von Kommunikation«, sagte Tim.

»Abend für Abend Scharen von Besuchern im grauen Häuschen«, zischte die Ladeninhaberin. »Alle Lichter an, Festbeleuchtung.« Tim steckte sein Wechselgeld ein. »Schmarotzer, Schmeichler.« Die Ladeninhaberin starrte Tim böse an. »Gleich und Gleich gesellt sich eben gern«, sagte sie. Wir gingen hinaus.

»Ich wünschte, es wäre nicht so nah«, sagte ich.

»Es wäre immer nah, ganz egal, wo.« Tim nahm meine Hand. »Man muss die Zyklen von Neid und Frustration hinnehmen. Sich davon abschotten. Sie erschöpfen sich irgendwann.«

»Und erneuern sich immer wieder«, sagte ich.

Drinnen zog ich instinktiv das richtige Buch aus dem Regal. »Wieder eine Widmung herausgerissen.« Ich zeigte es Tim.

»Dadurch wird das Geschenk nicht ungeschehen gemacht«, sagte er und nahm mich in den Arm. »Der Druck nimmt zu.« Er stellte das Buch wieder zurück.

Ich saß im Garten, während Tim das Mittagessen machte. Ich hörte ihn in der Küche singen. Die Gehässigkeit der Ladeninhaberin wurde exorziert, als mir bewusst wurde, dass ich noch lebendig war, durch Raum und Zeit in Übung bleiben konnte. »Hallo Schatz«, sagte ich, als Tim mit dem Tablett herauskam. »Ich übe«, fügte ich hinzu.

»Weiter so – vielleicht ist es ja ansteckend.« Tim servierte das Essen. »Wir müssen heute Nachmittag einen Besuch machen.«

Ich erinnerte mich. »Wird das nicht auffallen?«

»Schert uns das?«, fragte Tim.

Nach dem Mittagessen fuhren wir landeinwärts. Wir wurden zweimal angehalten. Tim wedelte mit seiner Reiseerlaubnis. Sie winkten uns durch. Wir kurbelten alle Fenster im Auto herunter. Die Hitze wurde drückender. Wir fuhren von der Autobahn ab und auf holprigen Sträßchen weiter. Über die Brücke, ganz langsam wegen der tiefen Furchen in der kaum genutzten Straße. The Folly lag vor uns. Tim stieg aus und öffnete ein wackeliges Tor. Erschrocken huschten Dutzende Meerschweinchen davon und brachten sich am Ufer des schlammigen Bachs in Sicherheit. Wir fuhren vorsichtig in den Innenhof.

Es war einmal ein Bilderbuchexemplar eines Milchbauernhofs aus dem frühen neunzehnten Jahrhundert gewesen. Jetzt war der Komplex aus Ställen, Scheunen und Kornspeichern baufällig, verwahrlost, eine einzige Müllhalde. Die Glocke im Turm war verrostet. Der Taubenschlag von heimischen Wildtauben übernommen. Tessas Wohnbereich war genauso vernachlässigt, die Zimmer wie ein chaotischer Lagerplatz vollgestopft mit Spielsachen, Kleidern, Umzugskartons, Vorräten und völlig eingestaubten, schlecht zusammenpassenden Möbeln. Ein Blüthner stand allein in einer weiß getünchten Zelle. Tessa begrüßte uns zu überschwänglich. Das autistische Kind klammerte sich an sie. Der andere Junge nahm mich mit auf einen Rundgang durch The Folly und weihte mich dabei in eine Reihe von Phantasiespielen ein. Er war blond und schön, von dem Verfall ringsum unbeeindruckt und vor allem darauf bedacht, eine eigenständige Fröhlichkeit zu behaupten. »Bleibst du hier bei mir?«, fragte er. Wir kehrten zu Tessa und Tim zurück.

»Was hättet ihr denn gern?«, fragte Tessa. »Ich kann euch anbieten, was immer ihr wollt. Er hat mich gut versorgt hinterlassen. Das seht ihr ja. Wir haben alles, was wir brauchen. Ich werde einen Privatlehrer für die Jungs einstellen. Uns fehlt es an nichts. Schaut euch um, wir sind bestens ausgestattet. Wir leben im Überfluss. Ich möchte diesen Hof zu einem Theater machen, zu einer Stätte der Kunst und Kultur. Wir können hier alle unserer Tätigkeit nachgehen. Wir haben immer ein offenes Haus geführt. Alles ist bereit. Uns fehlt es an nichts. Ich habe jede Menge Geld.«

»Wir trinken gern einen Tee, Tessa«, sagte Tim. »Soll ich einen kochen?« Er machte sich gleich ans Werk.

Tessa setzte sich und brach in Tränen aus. Das autistische Kind trat sie. Der andere Junge zog mich in den Hof hinaus. »Sie macht überhaupt nichts«, sagte er. »Ich kann höher springen als du. Guck!« Er sprang von der Treppe, die zu einem der oberen Lagerräume führte.

Ich ging wieder in die Küche.

»Ich geh hier nicht weg«, sagte Tessa gerade zu Tim. »Das Haus gehört mir. Ich habe es für ihn gekauft. Ich habe es mit allem angefüllt, was er sich nur wünschen könnte. Ich geh nicht weg. Vielleicht kommt er ja zurück.«

»Tessa«, Tim sprach ganz sanft, »er ist tot. Er kommt nicht zurück. Du musst hier weg, musst diese Ruine verlassen und irgendwo anders neu anfangen, mit den Jungs – bitte, tu es ihnen zuliebe.«

»Aber das ist mein Hof«, jammerte sie. »Mein ganzes Leben ist hier.«

»Du hast ihn völlig verlottern lassen, Tessa.« Tim malte Muster für das autistische Kind.

»Wenn er zurückkommt, wird er alles wiederaufbauen. Dann wird es wieder richtig schön hier. Bis dahin passe ich darauf auf, ich beschütze den Hof für ihn.«

»Aber ihr seid hier nicht geschützt, Tessa«, sagte Tim. »Ihr müsst fort von hier, weit fort.«

»Sie können mich nicht zwingen zu gehen. Das ist mein Hof – mein ganzes Leben ist hier.«

»Deine Trauer ist hier«, sagte Tim. »Du bist in Gefahr und die Jungs auch.«

»Ich zeig's euch«, Tessa sprang auf. »Ich zeige euch mein Leben – alles, was dazugehört.«

Wir folgten ihr auf ihrem fieberhaften Rundgang durch The Folly. Das autistische Kind klammerte sich an sie. Der andere Junge zwinkerte mir zu und tänzelte voraus, auf seine eigene Fröhlichkeit konzentriert. Beim Gang über The Folly erschloss sich uns die Landschaft von Tessas Liebe. Als wir zum Glockenturm kamen, schaute ich die achtzehn Meter hohe eiserne Leiter hinauf, die im Innern des Turms in der Mauer verankert war. Er hatte sich unter der großen Glocke verstecken wollen, als sie kamen, um ihn zu holen. Ein paar Sprossen bevor er ganz oben war, rutschte er ab. Tessa war als Erste bei seinem Leichnam gewesen. Er war Dichter und hatte über das Bedürfnis nach Liebe geschrieben. Tim hob das autistische Kind hoch und schwang es sich auf die Schultern. Der Junge sang vor Freude und schlug seine Fersen auf Tims Brust, als säße er auf einem Pony.

»Tessa, bitte«, flehte ich. »Geh mit den Jungs von hier fort. Bitte.«

Ihre Miene war ausdruckslos. Wie ein Zombie bewegte sie sich von der Scheune zum Kornspeicher, über die zerbrochenen Dielen, trat gegen den Schutt und Verfall des vergangenen Jahrs, brach in hektische Redeschwalle aus, Erinnerungen an ihre verlorene Liebe, schlug den Kopf gegen das vermoderte Holz, krallte die Finger in das struppige Dachstroh. »Das ist meins, meins, meins«, stöhnte sie.

»Es ist dein Kummer«, sagte ich.

»Es ist alles, was mir geblieben ist«, sagte sie und dann, fast ruhig: »Ich werde meinen Schmerz nicht leugnen.«

Wir sahen, wie sie ihren geschlossenen Jeep in den Innenhof lenkten. Ohne Widerstand zu leisten, ließ Tessa sich zu dem Jeep führen. Tim stürzte vor. »Wir kommen später noch mal und holen die Jungs«, sagte einer von ihnen.

»Ich bringe sie zu ihrem Paten«, sagte Tim. »Ich habe die Genehmigung.«

Nachdem wir die Jungs abgeliefert hatten, fuhren wir noch einmal an The Folly vorbei. Die Bulldozer waren bereits am Werk.

»Sie bringen Tessa in …?« Ich zögerte.

»In einen der Türme, ja«, sagte Tim. »Die Trauertürme, für diejenigen, die sich der Leugnung verweigern. Liebe ist unsozial, unzulässig, ansteckend.« Er grinste. »Sie lässt Kommunikation zu. Aber Trauer um die verlorene Liebe ist das schlimmere Vergehen, eine Straftat. Sie weist darauf hin, dass die Liebe einen Wert hat, dass ihr Verständnis, Großzügigkeit, Glück innewohnen. Tessa ist ein Extremfall. Sie hat ihre Trauer stolz zur Schau getragen.«

»Und jegliche persönliche Note muss getilgt werden?«, fragte ich.

»So befehlen sie es.« Tim bog auf die Autobahn. Wir fuhren schweigend zu meinem Cottage zurück. Als wir das graue Häuschen passierten, hörten wir schrille Stimmen – eine Party war im Gange. Im Außenbereich waren sämtliche Lichter an.

»Das wird unterstützt. In der Sicherheit der Menge ist man besonders isoliert«, sagte Tim.

Tim blieb noch zwei Tage. Wir verbrachten sie mit Schwimmen, Spazierengehen, Reden, schufen ein Fundament der Freundschaft für die bevorstehende Zeit. Ein gewisses Maß an Verdacht erregten wir durchaus. Einige weitere Widmungen wurden aus meinen Büchern herausgerissen. Ich verstand diese Verstümmelungen als Aufforderung, mich von persönlichen Bindungen zu befreien. Ich hatte meine Briefe und Fotos in dem nicht mehr benutzten Brunnen im Garten versteckt, hatte sie in einer Stahlkassette sorgsam unter den untersten Backsteinen vergraben. Es war eine Form von Zerstörung, denn ich konnte sie nicht mehr im

Haus haben, sonst hätte ich sie verloren. Den aktuellen gesellschaftlichen Gepflogenheiten folgend, gab ich eine kleine Party, zu der ich all meine Nachbarn einlud. Sie redeten alle gleichzeitig. Niemand hörte jemand anderem zu. Niemand lachte. Nur Tim und ich lächelten einander an. Sie fühlten sich unbehaglich, weil ich keinen Fernseher hatte. Als sie gegangen waren, alle zusammen in einer Gruppe, ließen wir auf dem Grammophon Musik laufen. Es war ein kleiner Akt des Widerstands. Wir öffneten die Tür zum Garten. Ich spazierte hinaus. Auflaufendes Wasser. Der Vollmond tauchte den Strand in wechselndes Licht. Die Musik zerstäubte in der Nacht wie ein Parfum. Tim winkte mir von drinnen zu. Ich sah in die Richtung des grauen Häuschens. »Hallo Schatz«, sagte ich, um in Übung zu bleiben.

Eine Regung am Strand weckte meine Aufmerksamkeit. Jemand watete ins Meer hinaus. Ich lächelte, erfreut, dass jemand sich aus purer Wonne das Vergnügen gönnte, allein schwimmen zu gehen. Ich lehnte mich ans Gartentor, um besser sehen zu können. Jemand berührte mich am Arm. Es war meine Nachbarin von nebenan. »Halten Sie ihn auf!«, schrie sie. »Tim!«, rief ich und deutete hinaus.

Tim rannte zum Strand. Die Frau weinte. »Er wollte nicht mehr mit mir zanken.« Ich nahm sie mit hinein. Tim kam zurück, nass und mit trauriger Miene. »Es tut mir leid«, sagte er zu der Frau.

»Wo sind sie?«, fragte sie.

»Sie bringen ihn gerade zur Leichenhalle«, sagte Tim.

»Ich muss zu ihnen«, sagte sie.

Wir versuchten sie zurückzuhalten.

»Sie müssen mich zum Turm bringen«, sagte sie. »Das ist jetzt der einzige Ort für mich.« Sie schob sich an Tim vorbei. Wir sahen ihr nach, als sie fortging. Wir saßen bis zum Morgengrauen im Garten. Die Frau kam nicht mehr zurück.

»Kannte ihre Pflichten«, sagte die Ladeninhaberin. »Vernünftig. Wir können hier keine Trauernden gebrauchen. Bringen einen Missklang in die Nachbarschaft.« Sie ließ sich Zeit mit meinem Wechselgeld. »Es sollten auch ein paar drin sein, die's noch nicht sind«, sagte sie.

Als Tim gefahren war, nahm ich meinen Alltag wieder auf, nutzte jede einzelne Stunde so positiv, wie ich es nur konnte. Der Sommer erleichterte mir die müßigen Momente, ich füllte sie mit Gartenarbeit, langen Spaziergängen, Sonnenbaden und Schwimmen. Die Nacht nutzte ich zum Arbeiten, bis ich zu müde wurde, ins Bett sank und schlief. Ich schrieb Briefe an Freunde. Manchmal ging ich an dem grauen Häuschen vorbei.

»Immer noch beschäftigt?«, höhnte die Ladeninhaberin.

Entlang der Küste wurden weitere Türme gebaut. An den Wochenenden parkten scharenweise Ausflügler um sie herum. Picknickabfälle wurden an die fensterlosen Mauern geworfen, und kleine Jungs wurden ermuntert, an die Wände zu urinieren. Ein älterer Mann übernahm das leere Cottage neben meinem. Er ignorierte meine Grüße, saß die meiste Zeit im Garten und schlief.

»Der ist jetzt harmlos.« Die Ladeninhaberin sprach von meinem neuen Nachbarn. »Sie haben ihn geleert«, raunte sie und fügte voller Schadenfreude hinzu: »Keine einzige Erinnerung mehr!« Ich bezahlte und ging.

»Hallo Schatz!«, sagte ich, als ich zu meinem Cottage zurückkam. Der alte Mann bewegte sich im Schlaf. Drinnen bellte mein Hund. Niemand war da. In meinen Büchern gab es keine Widmungen mehr, die sie hätten herausreißen können. Ich inspizierte alles eingehend: Alles war, wie ich es zurückgelassen hatte. Ein kaum wahrnehmbarer Fleck, wie ein Fingerabdruck, auf der Glasscheibe von Tim. Der konnte auch von mir stammen. An diesem Abend ging ich auf die Party einer Nachbarin, auf dem Weg kam ich an dem grauen Häuschen vorbei. Es war hell erleuchtet, aber von drinnen hörte man keinen Laut. Auf dem Heimweg meinte ich einen flüchtigen Blick auf jemanden in der Nähe meines Gartentors zu erhaschen, jemanden in Schwarz. Ich eilte auf den Schatten zu. Schritte hasteten davon. In meiner Ruhelosigkeit legte ich eine Patience nach der anderen, bis ich erschöpft war, doch schlafen konnte ich nicht.

»Sie haben ja gestern Nacht gar nicht gearbeitet«, sagte die Ladeninhaberin. »Hab Sie Karten spielen sehen, mit allen Vorhängen auf.« Sie grinste höhnisch. »Nicht in Sorge, will ich hoffen?«

Als der Herbst den Sommer vertrieb, erlahmte mein

Arbeitseifer. Ich wartete darauf, dass Tim wiederkam. Da ich keine Reiseerlaubnis hatte, konnte ich nicht in eine andere Gegend fahren. Einige hörten auf zu schreiben, diejenigen, die in einen der Türme gebracht wurden. Solche Nachrichten ließen sich schlecht geheim halten. Tagsüber stellte ich jetzt noch entschiedener meine Beschäftigung mit dem Alltäglichen zur Schau. Erst nachts bei zugezogenen Vorhängen versank ich in Untätigkeit und ängstliche Phantasien. Morgens studierte ich dann mein Gesicht im Spiegel, starrte auf die Spuren meiner Anspannung. Gereizt vor Sorge lief ich den Strand entlang. Ich wagte es nicht mehr, an dem grauen Häuschen vorbeizugehen.

»Sie sehen bedrückt aus«, sagte die Ladeninhaberin.

Wie ein Sperling, dem die Partnerin abhandengekommen ist und der dennoch seinen Balzgesang fortsetzt und so den Raubvogel herbeilockt, verlor ich das Gespür für Gefahr. Die Leute starrten mich an, wenn ich grußlos an ihnen vorüberging. Mit Verspätung nickte ich dann ihren entschwindenden Rücken zu. Ich bemühte mich durchaus. Ich pflanzte Blumenzwiebeln und setzte mich an den Schreibtisch, wo ich Briefe schrieb, statt zu arbeiten. Ich beschloss, mein Cottage zu renovieren – das würde zeigen, dass ich mich nicht auf die Untätigkeit zubewegte, und mir einen Vorwand dafür liefern, von meiner Routine abzuweichen.

»Geht's wieder besser?« Die Ladeninhaberin klang bedauernd.

Ich zwang mich, einmal in der Woche an dem grauen

Häuschen vorbeizugehen. Die Auslieferung der Post wurde auf zweimal die Woche beschränkt, die Abholung ebenso. Ich wurde zu etlichen Partys eingeladen und lehnte ab. Ich schützte Arbeitsdruck vor. Sie begannen mich zu beobachten. Eines Morgens stürmte ich wie eine Wilde den Hang zum Strand hinunter, fiel hin und verrenkte mir den Knöchel.

»Jetzt darf ich Schmerz zeigen«, sagte ich, während der Arzt meinen Knöchel fest bandagierte.

»Vierzehn Tage lang«, sagte er.

»Tut es sehr weh?«, fragte die Ladeninhaberin.

Ich gestattete mir den Luxus, mich für achtundvierzig Stunden komplett gehen zu lassen, mich durch diese Stunden treiben zu lassen, als hätte ich den Verstand verloren, mein Bewusstsein mit alten Erinnerungen zu fluten, an der Klagemauer meines Verlusts die Stimme zu erheben. Neugierige Nachbarn kamen vorbei, angeblich um sich nach meinem Unfall zu erkundigen. »Die Schmerzen«, sagte ich, »sind fast unerträglich.« Zufrieden, wenn auch mit gewissen Zweifeln, gingen sie wieder. Durch meinen Exzess beförderte ich mich wieder in einen Zustand scheinbarer Reserviertheit. Es war eine Form von unterdrückter Hysterie. »Hallo Schatz«, sagte ich zu dem Morgen, der meine zweiwöchige Phase erlaubten Schmerzes beendete. Ich überlegte, welchen Teil meiner Anatomie ich als Nächstes ohne größere Folgeschäden verletzen könnte, wenn ich wieder die Erleichterung des Gefühlsausdrucks brauchte.

»Sie dürfen keine Neigung zu Unfällen entwickeln«,

sagte der Arzt. »Die sind psychologisch durchaus beschlagen.« Es war eine freundliche Warnung.

Tim brachte Blanche und Gervase von der Insel mit. Es war ein Segen, so würde ich durch den Winter kommen. »Zusammen ergeben wir eine Gruppe«, sagte Tim. »Vollkommen akzeptabel.«

Wir lachten Tränen.

»Wir werden zu dem grauen Häuschen gehen«, sagte Blanche.

Ich verspürte Erleichterung.

»Nicht gleich«, sagte sie. »Wir müssen umsichtig agieren.«

»Besuch, wie ich höre.« Die Ladeninhaberin klang enttäuscht.

Gervase und Tim machten lange Spaziergänge. »Auf Turmfühlung gehen«, nannten sie es. Gervase legte die Hände auf die Außenmauern, sodass die Wärme seiner Handflächen in den Stein überging. Tim bohrte mit einem dünnen Meißel kleine Löcher. Bei jedem Besuch wurden sie etwas vertieft. Irgendwann, so sein Gedanke, würde ein wenig Licht hindurchgelangen. Blanche mahnte zur Vorsicht. Wir hörten, dass Tessa nach London in den zentralen Turm für Unheilbare gebracht worden war.

Der alte Mann von nebenan starb. Meine vorherige Nachbarin, die Frau, kam wieder. Sie erinnerte sich nicht an mich. Sie hatten kurzen Prozess mit ihr gemacht: Ihre Erinnerungen reichten nicht mehr unter die Oberfläche.

»Jetzt ist sie wieder normal«, sagte die Ladeninhaberin.

Blanche ging zu dem grauen Häuschen. Wir warteten drei Stunden auf ihre Rückkehr. Gervase merkte ihr die Niederlage gleich an, als sie hereinkam, und wiegte sie in den Armen. Ich ging in den Garten hinaus. Tim folgte mir. »Sie ist nicht durchgekommen.« Ich wollte weinen und nie mehr aufhören.

»Aber sie war dort«, sagte Tim. »Das ist ein Anfang.«

Zurück im Cottage, dankte ich Blanche dafür, dass sie hingegangen war.

»Wir müssen um Erleuchtung beten«, sagte Blanche.

Am nächsten Tag erhielt Blanche einen Brief. Sie zeigte ihn mir nicht. Gervase brachte ihre Antwort zum grauen Häuschen. Es war eine Einladung, sie zu begleiten, wenn sie zur Insel zurückfuhren. Am späten Nachmittag ging ich mit meinem Hund den Strand entlang. Ein Küstennebel wirbelte landeinwärts. Als ich den Turm erreichte, sah ich Tim dort stehen, den Rücken an den Stein gepresst. Eine gewisse Anspannung in seiner Haltung hemmte meinen Impuls, zu ihm zu rennen.

»Du musst nach Hause gehen«, sagte er. »Sofort.«

Auf den Felsen hinter ihm standen drei von ihnen, ihre Umrisse im dichter werdenden Nebel nur eben so erkennbar.

Tim nahm meine Frage vorweg. »Es ist zulässig, sich freiwillig einweisen zu lassen.«

»Warum?« Meine Stimme war von Schrecken erfüllt.

»Wenn man vergessen will.«

Ich erfasste, was das bedeutete.

»Blanche hält es für wahrscheinlich oder jedenfalls für möglich«, sagte Tim, »dass das als Lösung betrachtet werden könnte.«

Ein Funken Freude drang durch meinen Schrecken. »So eine Einweisung wäre ein Eingeständnis.«

»Ja«, sagte Tim. »Deshalb warte ich hier, und deshalb musst du nach Hause gehen. Es darf nicht zu einer Begegnung kommen.«

»Du wartest?« Ich griff das Wort auf. »Ist das nicht gefährlich? Für dich?« Ich schaute kurz zu den stummen Rücken auf den Felsen hinüber.

»Es ist ein Risiko«, sagte Tim. »Und ich bin bereit, es einzugehen. Vielleicht gelingt es mir nicht, der Unentschlossenheit etwas entgegenzusetzen. Ein lautes Wort, dann besteht womöglich keine Wahl mehr. Das Empfangskomitee hinter mir wird es merken, wenn ich scheitere, und übernehmen. Das ist das Risiko.«

Als ich fortging, hörte ich – durch den Nebel noch verstärkt – Schritte, die auf Tim und den Turm zuhielten. Mein Hund bellte: ein Wiedererkennen. Ich eilte weiter. Das graue Häuschen war weder innen noch außen beleuchtet. Die Rollos waren hochgezogen. Ich ging in den Laden, um Zigaretten zu kaufen.

»Wieder eine Selbsteinweisung«, sagte die Ladeninhaberin. »Ich sag ja, es ist immer das Beste, reinen Tisch zu machen.« Sie grinste anzüglich. »Ein schöner klarer Schnitt, und man ist ein neuer Mensch.«

Zurück im Cottage, sah ich sofort, dass Blanche wusste, was gerade geschah.

»Wir müssen zuversichtlich sein«, sagte Gervase, »und lieben.«

Ich schloss die Augen und wartete auf Tims Rückkehr.

Eine Stunde später kam er. »Wir fahren zur Insel«, sagte er. »Wir brechen im Morgengrauen auf.«

Jede Frage erübrigte sich.

»Leicht wird das nicht«, sagte Blanche, »aber es ist ein Durchbruch, eine kleine Gnade.«

»Eine Gnade für die Lebenden«, sagte Gervase.

Ich hielt Tims Hand, bis sie losmussten.

Ich sah ihnen nach, als sie im frischen herbstlichen Morgenlicht davonfuhren. Sie bogen nach rechts ab, in die Straße zum grauen Häuschen. Die Blätter meiner Rosen waren von einem Hauch Reif überzogen. Das Meer ließ hohe weiße Wellen auf den Strand klatschen. Es war Hochwasser. Ich wandte mich dem Cottage zu und erneuerte mit jedem persönlichen Detail, das ich sah, langsam meinen Blick. Meine Anspannung ließ nach. Es gab Möglichkeiten. »Hallo Schatz«, begrüßte ich einen weiteren Tag.

NACHWORT

Von Eva Menasse

Manchmal ist die Wirkungsgeschichte von Romanen selbst wie Literatur geformt, sieht aus wie eine Möbius-Schleife oder eine selbstreferenzielle Metapher. Kay Dick, heute so gut wie vergessen, in der Mitte des vergangenen Jahrhunderts jedoch ein bewunderter, so scharfsinniger wie -züngiger Star der Londoner Literaturszene, veröffentlichte *They. A Sequence of Unease* im Jahr 1977. Dieses faszinierende kleine Buch thematisiert, kürzestmöglich gesagt, die Bedrohung der freien Künste durch eine Gesellschaft, die jeder Form von Individualismus misstraut und gegen sie gewalttätig vorzugehen beginnt. Ein gesichtsloser, namenloser Mob, eben »sie«, zerstört Bücher, Noten, Bilder und Skulpturen, bespitzelt Künstler, bedroht, verfolgt und vernichtet sie. Kay Dicks Buch war damals nicht erfolgreich, sondern ein Flop, wie eine selbsterfüllende Prophezeiung. Keiner wollte das lesen, die Zeit war nicht reif. Nur wenig überspitzt mit einem Zitat aus dem Roman gesagt: »Gestern habe ich mein neues Manuskript zurückbekommen – vom Postamt. In Stücke gerissen. Transportschaden, hieß es.« Doch plötzlich, heute, fast fünfundvierzig Jahre später, taucht dieses Buch wieder auf, schießt an die Oberfläche wie eine Flaschenpost, die endlich bemerkt, geöffnet und verstanden werden will. Der erste Anstoß ging auf die englische Literaturkritikerin Lucy Scholes zurück. Im August 2020 veröffentlichte sie einen großen Text über Kay Dick in der *Paris Review*, in der verdienstvollen Rubrik »Re-Covered«, ein unübersetzbares Wortspiel, in dem die Wiederentdeckung ebenso steckt wie die Heilung, Genesung, und auch, dass man einem Buch aufs Neue Deckung geben will für einen sicheren Weg hinaus in die Welt.

Und diesmal könnte es geglückt sein. *They – Sie* ist vorerst durchgekommen, liegt sogar zum ersten Mal auf Deutsch vor uns wie ein spitziger, unbehaglicher Kieselstein, der Stein im Schuh oder Kopf seiner Leser, ein »pebble of unease«, wie das vierte Kapitel im Original heißt, an Land gespült an der englischen Küste, deren landschaftliche Schönheiten in diesem Buch so ergreifend beschworen werden, als sei diese Landschaft schon ebenso bedroht wie die Künstler, die sich in ihr zu verstecken suchen. Macht auch das einen aktuellen Reiz dieses Textes aus? Dass uns die fast überscharf geschilderten Naturszenarien heute anders, mahnender klingen angesichts ihrer realen Gefährdung? Von der aber konnte Kay Dick damals wirklich noch nicht wissen.

»Unease« – Unbehagen, das ist ein vertracktes, ebenso schwer zu beschreibendes wie zu erzeugendes

Gefühl, das dieser Text von der ersten Seite an bei seinen Lesern auslöst. Die Ich-Erzählerin (ich lese sie als Frau, was von mindestens einer Stelle im zweiten Kapitel gedeckt ist, als ihr geraten wird, »Sandy« zu heiraten) besucht Freunde; auf dem Weg von und zu deren Anwesen »überprüft« sie jedes Mal ihre Erinnerung an bestimmte Werke der Weltliteratur. Dort trifft sie unter anderem auf das Einzelkind Jake, das erzogen wird, alles Mögliche, Musik, bildende Kunst, Literatur auswendig zu lernen und sich für später zu merken: beides deutliche Verweise auf Ray Bradburys berühmte Dystopie *Fahrenheit 451* aus dem Jahr 1953. »Was ist das, eine Zeitung?«, fragt dieser Junge einmal. Die Malerin Claire malt wie besessen Bilder, die den einzelnen Farben noch einmal auf möglichst umfassende Weise huldigen sollen (»Es war gelb, ganz und gar gelb, jede erdenkliche Schattierung und Nuance von Gelb«), der Komponist Garth ist mit seinem Klavier aus London hierhergeflüchtet, hat es in der Kapelle aufgestellt, sitzt nun davor und versucht verzweifelt, sich zu erinnern – denn alle seine Noten haben »sie« verbrannt. Wenn die Erzählerin abends heimkommt, fehlen regelmäßig einzelne Bücher aus ihrem Regal. Am Ende wird Claire, die nicht zum rechten Zeitpunkt mit dem Malen aufgehört hat, abgeführt, Garth rennt verzweifelt hinterher, und nun, das vermutet der dritte Freund, Karr, wird die Malerin voraussichtlich von »ihnen« geblendet, Garth hingegen taub gemacht werden. Dieser nur vorhergesagte, gar nicht direkt stattfindende Gewaltausbruch ist fast unerträglich und lässt einen womöglich zögern, weiterzulesen. Doch die Erwartungen werden unterlaufen. Es folgt keine Eskalation, das zweite Kapitel entfaltet stattdessen ein anderes vergiftetes Idyll mit anderen Personen, die von der Ich-Erzählerin aufgesucht werden, und neuen Bedrohungen, die einsickern. Das aber ist ein wichtiges Strukturprinzip dieses Buchs. Wenn überhaupt, lässt sich nur über die ganze Länge der neun Kapitel eine leichte Steigerung des Terrors erkennen, und die liegt vielleicht vor allem an ein paar Spezifika des letzten Kapitels, in dem fensterlose Türme entlang der Küste errichtet werden zur Internierung von Menschen, die dort von ihrer »Identität geheilt« werden sollen. Aber ganz grundsätzlich erzählt Kay Dick nicht von einer Entwicklung (etwa hin zu einer Diktatur, wie es George Orwell in *Animal Farm* tat), auch nicht von einem erfolgreichen Schreckensregime mit klar unterscheidbaren Unterdrückern und Beherrschten (wie in *1984*), sondern von einem anhaltenden, diffus bedrohlichen Zustand. Sie erzählt von ständiger Angst und Gefährdung, an die sich alle gewöhnt haben und mit denen man jetzt leben muss. Die Welt sieht noch beinahe so aus wie früher, hier an der lieblichen englischen Küste. Nur ein paar Kleinigkeiten haben sich verschoben, und immer wieder erliegen manche Künstler dem lebensgefährlichen Irrtum, man könnte durch geschicktes, ausweichendes Verhalten den Bestrafungsaktionen entgehen. Direkter Widerstand ist selbstmörderisch, alle, die es versuchen, werden sofort überwältigt, verstümmelt, abgeführt, erschossen. An einer der vielen flirrend aphoristischen Stellen heißt es als Warnung: »Du darfst nicht übermäßig tapfer sein (…) Das ist Prahlerei.«

Zum Unbehagen trägt ganz wesentlich bei, dass »wir« und »sie« keineswegs klar geschieden sind. Hat man anfangs noch den Eindruck, dass wenigstens die bedrohten Künstler wissen oder ahnen, wer »sie« sind, wenn sie »ihnen« unterwegs, am Strand oder in den Hügeln, begegnen, verfliegt dieser schnell. Nachbarn und Passanten könnten einfach Nachbarn und Passanten sein, wäre da nicht zum Beispiel die Nachbarin, die sich von der Erzählerin eine ihrer prachtvollen Rosen erbittet und die Blüte dann genüsslich vor ihren Augen zerquetscht. Besondere Grausamkeit geht immer wieder von Kindern aus, ein geschickter erzählerischer Schachzug, weil diesen Kindern ihr Handeln ja nicht nur erlaubt, sondern vorgelebt worden sein muss. Umgekehrt sind manchmal sogar jene, die man unzweifelhaft für einen Teil von »ihnen« gehalten hat, bloß ihre verängstigten Opfer. In der Geschichte »Die Besucher«, in der es um die Jagd auf Alleinstehende geht (»Wer allein lebt, ist eine Bedrohung für sie (…). Sie haben Angst vor dem Alleinleben, deshalb sind sie neidisch darauf.«), wird die Erzählerin von einem Paar im wahrsten Sinne des Wortes heimgesucht. Sie dringen in ihr Haus ein mit der klaren Absicht, über Nacht zu bleiben. Als nachts wiederum Suchtrupps von »ihnen« mit Taschenlampen von außen in die Fenster leuchten, küsst der fremde Mann die fremde Frau so ungeschickt wie ostentativ. Und wir begreifen: In Wahrheit sind das nur zwei frühere Alleinstehende, die in einem anderen Teil des Landes ausgehoben worden sind und sich zusammengetan haben. Nun irren sie durch die Gegend und suchen Unterkunft – andere Singles können nichts dagegen tun, wenn sie sich uneingeladen einquartieren, sind aber gleichzeitig, so wie die Erzählerin, wenigstens diese eine Nacht lang sicher, indem sie als drei Fremde Familie spielen. Opfer terrorisieren also andere Opfer, auch das eine scharf beobachtete menschliche Konstante.

In der starken dritten Geschichte »Ein Nest der Ruhe« wiederum entpuppt sich gerade der großzügige Gastgeber Hurst, der in seiner abgeschotteten Mühle bis an die Decke Kunstwerke hortet, als Kollaborateur, wie die Erzählerin im letzten Absatz entsetzt erkennt: »Er behält unsere Werke. Sie bekommen uns.« Hurst tut das für seinen Sohn Julian, der offenbar von »ihnen« ermordet worden ist. Im Gedenken an das Künstlertum seines Sohnes sammelt er also die Kunst und opfert die Künstler – das bedeutet im Umkehrschluss, dass »sie« es weniger auf die Werke als auf die ungehorsamen Menschen, die sich immer noch künstlerisch verwirklichen wollen, abgesehen haben. Mit einem ähnlichen Verrat scheint die spannungsgeladene siebte Geschichte zu enden, in der die Erzählerin von einem Freund namens Tom auf eine Art Schnitzeljagd geschickt wird. Der Weg zu seinem Haus, den er ihr verklausuliert brieflich mitgeteilt hat, scheint absichtlich viel komplizierter zu sein als nötig, sie verbraucht viel zu viel Zeit, es wird dunkel und damit gefährlich. Unterwegs scheinen Menschen geradezu aus dem Boden zu wachsen, so überraschend stehen ständig welche da. Sie wirken allesamt bedrohlich, aber manche helfen ihr sogar. Als die Nacht längst hereingebrochen und ihre Lage verzweifelt ist, findet sie endlich das richtige Haus. Und jener Tom öffnet das Tor mit den Worten: »Sie erwarten dich schon.«

An diesen Beispielen – zweimal Verrat durch die »eigenen Leute«, die Künstler, dazu das irritierende Detail, dass im Hurst-Kapitel der Sohn Julian lange tot ist, im direkt darauf folgenden Kapitel aber ein lebender (anderer?) Julian auftritt – sieht man, dass es sich bei *Sie* weniger um einen klassischen Roman, sondern eher um einen Konzeptband aus Erzählungen handelt. Die letzte, ein wenig längere Geschichte »Hallo Schatz« wurde zwei Jahre vor Erscheinen der Buchausgabe bereits als eigenständige Short Story veröffentlicht. »Hallo Schatz« ist wie eine Essenz des Ganzen, noch klarer in der Bedrohung (die Türme, in die die Menschen eingewiesen werden und wo ihre »Identität geheilt« wird), dabei aber noch offener und rätselhafter in der Frage, wie mit dieser neuen Welt nun am besten umzugehen sei. Auf eine irrlichternde Weise ist »Hallo Schatz« gleichzeitig hoffnungsvoller und pessimistischer als die vorhergehenden Kapitel und treibt das Unbehagen noch einmal auf die Spitze. Diese Brüche und kleinen formalen Schrunden des Romans nehmen ihm aber gar nichts, im Gegenteil, sie spiegeln die Verunsicherung quasi auf der Formebene noch einmal. Ebenso passend ist, dass die Erzählerin »ihnen« mehrmals geradezu in die Arme getrieben wird, ohne dass daraus etwas folgt, weil das Kapitel einfach endet – Cliffhanger ohne Auflösung, Leerstellen, die man mit der eigenen Phantasie und dem eigenen Unbehagen füllen kann.

Es geht diesem Text zwar um die eindringliche Schilderung einer amorphen Bedrohung, aber mindestens ebenso sehr darum, wie man mit ihr umgeht, mit ihr lebt und dennoch weiterhin das Seine tut, »bei sich bleibt«, wie man in unserer neuen Achtsamkeitskultur vielleicht sagen würde. An welcher Stelle bleibt man stur, an welcher weicht man zurück, im Sinne des größeren Ganzen? Das sind die Fragen, die in diesem Text verhandelt werden, und deshalb schaut er uns heute so frisch an – und natürlich wegen seiner sprachlichen Sprödigkeit und schönen Reduktion. So vieles schwingt zwischen den Zeilen: Wie viel Unabhängigkeit, wie viel Einsamkeit braucht der Künstler? Wie rücksichtslos muss er gegen sich und andere sein? Umgekehrt: Kann er überhaupt leben ohne Publikum? Zieht er seinen Ehrgeiz aus sich selbst oder aus dem Applaus? Welchen Wert hat Kunst, die keiner sieht? Was ist ein Roman wert, den man nicht mehr lesen darf und nur noch in Umrissen erinnert? Inwieweit bedingt Vergänglichkeit wiederum den Kunstgenuss? Muss man wirklich alles musealisieren?

In ihrem Vorwort für die englische Neuausgabe bemerkt die US-amerikanische Schriftstellerin Carmen Maria Machado sehr zu Recht, dass man es sich nicht zu leicht machen dürfe, indem man THEY für eine banale Chiffre der jeweils eigenen Gegner hält. Man müsse, schreibt sie, um Kay Dicks Intention nicht zu verfehlen, auch selbst die Perspektive von »ihnen« einnehmen; also von Menschen, denen diese oder jene künstlerische Hervorbringung zu weit geht, sei es aus religiösen oder moralischen Gründen oder aus individuellen Gründen von Vorlieben oder Scham (die man dann gern zum »guten Geschmack« oder »gesunden Menschenverstand« verallgemeinert). Mit der »politischen Korrektheit«, ein Begriff, mit dem versucht worden ist, Bestrebungen für mehr gesellschaftliche Gerechtigkeit und Teilhabe zu verunglimpfen, schwappte auch die Rede von der »Cancel Culture« aus den USA zu uns herüber. Beides sind ursprünglich rechte Kampfbegriffe und deshalb durchaus problematisch. Der Logik folgend, dass auch Hypochonder manchmal krank werden, wollen wir sie vorläufig dennoch weiterverwenden – Allgemeinverständlichkeit schlägt meines Erachtens auch hier die historisch sensible Sprachgenese. Außerdem erleben wir doch gerade überdeutlich, dass es recht sinnlos ist, Phänomene sprachlich ständig umzudekorieren, wenn die Wirklichkeit (indem etwa der Gender Pay Gap oder der Rassismus verschwände) so gar nicht nachzieht.

»Canceln«, also Zensur in ihrer mörderischen Form

gibt es nun wahrlich von Anbeginn der Menschheit an, von Kain und Abel, den Hexen- und Ketzerverbrennungen über die mit Kerker bestraften Majestätsbeleidigungen absoluter Herrscher bis in die jüngste Zeit, von der iranischen Fatwa gegen Salman Rushdie bis zum Massaker in der Redaktion des französischen Satireblatts *Charlie Hebdo.* Trotz dieser krassen und furchtbaren Beispiele dürfen wir uns gewiss nicht einreden, in solchen Fragen automatisch auf der richtigen Seite zu stehen, denn auch unsere Reaktionen beruhen auf lange antrainierten Automatismen eines sogenannten Weltbildes. Viele von uns würden etwa reflexartig für das Verbot von vermeintlich antisemitischen, rassistischen oder irgendwie »rechten« Veranstaltungen/Verlagen sein, ohne genau über Kriterien und rote Linien nachgedacht zu haben und vor allem ohne sich zu fragen, welchen Preis wir für jede Einschränkung des Meinungsspektrums zahlen. Denn je mehr man, aus welchen gut gemeinten Gründen auch immer, einschränkt, desto mehr wird nach weiterer Einschränkung, nach Boykott, Verbot und Zensur geschrien, und zwar von allen Seiten. Die Maulkörbe zeugen sich fort. Das ist ein anschauliches Phänomen unserer Gegenwart und zweifellos eine direkte Folge der gehetzten, hysterischen Digitalmoderne. Wenn Carmen Maria Machado eher am Rande »konservative Politiker, reaktionäre Scharfmacher und feige Institutionen« als die üblichen Verdächtigen aufzählt, die das Leben von Künstlern und Intellektuellen seit jeher »zur Hölle gemacht« hätten, möchte ich noch einen großen Schritt weitergehen: Wir leben heute, im Jahr 2022, schon seit einer Weile mitten in einem sehr eindrücklichen Experiment, zu dem nun eben Kay Dicks wiederentdeckter Roman passt wie der Deckel auf den Topf. Bereits ihr Landsmann George Orwell hat festgestellt, dass das eigentliche Problem weniger staatliche Zensur ist (denn das wäre, ebenso wie »die Rechten«, ein klar umrissener Gegner, also ein »sie« zum »wir«), sondern der vorauseilende Gehorsam von Verlegern und Redaktionen, die sich nicht vor Strafverfolgung fürchten, sondern vor der öffentlichen Meinung. Orwell, dieser Held der politischen Klarsicht, nannte »intellektuelle Feigheit« den »schlimmsten Feind«. Und eben mit diesem schlimmsten Feind sind wir derzeit in den Schlachten der sogenannten Identitätspolitik konfrontiert. Sich radikalisierende Zensurbestrebungen kommen direkt aus unserer progressiven, »linken« Mitte. »Sie« sind also zum Teil wir selbst. Wir haben sie gezeugt, mit den besten Absichten für eine noch freiere, progressivere, diversere Welt, aber nun sind sie zu einem unersättlichen, extremistischen Monster geworden, das uns außer Gefecht setzt wie eine Autoimmunkrankheit. Alle Frauen, die sich von Männern belästigt fühlen, haben a priori recht! Wenn wir nur genügend böse Wörter verbieten, wird die Welt automatisch besser! Jeder weiße Mensch ist »struktureller Rassist«, und es wird von ihm verlangt, sich das selbstkritisch klarzumachen! Ebenso ist jeder Mann ein struktureller

Täter und jede Frau strukturell diskriminiert, egal wie privilegiert sie aufgewachsen ist! Und so weiter. An den extremen Rändern der Debatte, die in der digitalen Sphäre jedoch schon ziemlich stilbildend geworden ist, werden die Grundsätze von Aufklärung, Gleichbehandlung, Rechtsstaat mit schockierender Leichtigkeit außer Kraft gesetzt. An ihren extremen Rändern muss man die Identitätspolitik als faschistisch bezeichnen, da sie Menschen Eigenschaften zuweist, von denen diese sich nicht mehr befreien können.

Die technischen Bezüge in Kay Dicks Roman sind auf eine amüsante Weise so übermäßig veraltet, dass sie bereits wieder funktionieren. Vor fünfzehn Jahren hätte man wohl noch gelächelt über die »TV sets«, die gratis verteilt werden (verdächtig macht sich, wer keines annimmt). Heute wissen wir zwar, dass unsere so wahnsinnig praktischen Gratis-Apps uns bis ins Intimste ausspähen, wir aber derart süchtig sind, dass wir einfach nicht darauf verzichten können. Und die Partys, die in *Sie* nach der neuen Façon stattfinden (»Sie redeten alle gleichzeitig. Niemand hörte jemand anderem zu. Niemand lachte.«) klingen ebenfalls unbehaglich zeitgenössisch.

Wie konnte Kay Dick so vorausschauend sein? Vermutlich hat sie »nur«, wie alle guten Schriftsteller, typisch menschliche Verhaltensweisen isoliert, auf die Spitze getrieben und nach allen Richtungen folgerichtig durchgespielt. Wovor fürchtete sich Kay Dick? Wir wissen es nicht genau. Sie lebte in London, in jahrzehntelanger Lebensgemeinschaft mit der Schriftstellerin Kathleen Farrell, als Zentrum eines literarischen Kreises, dem unter anderem die göttliche Muriel Spark sowie Angus Wilson, Olivia Manning und Francis King angehörten. Sie arbeitete als Romanautorin ebenso wie als Literaturkritikerin, und ihre Wiederentdeckung durch Lucy Scholes verdankt sich skurrilerweise einem offenbar auffallend gemeinen Nachruf auf sie, der Scholes zufällig in die Finger geriet. Wovor fürchtete sie sich also? Den rufmörderischen Nachruf vierundzwanzig Jahre später kann sie nicht antizipiert haben. Es werden also vermutlich die üblichen Themen und Lebensumstände freier Künstler gewesen sein, die sie zu dieser beunruhigenden Dystopie angeregt haben, das prekäre Überleben, die Spannung zwischen Individualität und Anpassung. Das Schicksal von *They* ist dafür exemplarisch: eine originelle, großartig gestaltete Idee, aber verpufft in der Ignoranz ihrer Zeitgenossen. Wie viel Eigensinn und Absonderung brauchen Künstler, um etwas Bleibendes, Gültiges zu schaffen? Wie sehr bedürfen sie dennoch des Wohlwollens und Zuspruchs ihres Publikums? Muss der Künstler ein guter Mensch sein, oder reicht es, wenn seine Kunst gut ist? Wie können wir Kunst überhaupt bewerten, wenn der Künstler erwiesenermaßen keine weiße Weste hat? Verdient Peter Handke den Nobelpreis, auch wenn er fragwürdige politische Überzeugungen hat? Soll man Woody Allens Autobiographie drucken, obwohl seine Exfrau Mia Farrow ihn weiterhin des Kindesmissbrauchs an der gemeinsamen Tochter bezichtigt? Können die Filme von Roman Polanski für den Filmpreis César vorgeschlagen werden, obwohl er eingestandenermaßen vor Jahrzehnten Sex mit einer Minderjährigen hatte?

Diese Fragen, die unsere Gesellschaft möglicherweise lange Zeit zu wenig beschäftigt haben, beschäftigen sie heute zu sehr, paradoxerweise *nach* einem enormen Schub an gesellschaftlicher Öffnung und Liberalisierung. Während rassistisches und sexistisches Verhalten früher weit verbreitet war, reicht inzwischen manchmal ein bloßer Verdacht, ein missverständlicher Tweet oder eine Anschuldigung, um Karrieren zu zerstören. Menschen sind im Maßhalten offenbar nicht begabt, vor allem dann nicht, wenn sie sich ihr Tun als Weltverbesserung denken. Alle Ideen, die sich zu Ideologien verhärten, drängen zum Puren und Reinen. Dieser Prozess ist altbekannt, seine Ausgangspunkte aber sind immer neu und erst unverdächtig, sogar begrüßenswert. Aber deshalb kommt es immer wieder vor, dass sich Schriftsteller Geschichten ausdenken, die erst später richtig anschaulich werden. So ergeht es uns heute mit *Sie. Szenen des Unbehagens*. Selbst hier gibt es Hoffnung. Sie liegt in der Unbeirrbarkeit jener, die einfach nicht anders können, als dagegenzuhalten. Bei Kay Dick sind es die Künstler.

»Wir haben Arbeit zu tun«, sagt der Architekt Sebastian zur Erzählerin. »Für wie lange?«, fragt sie. »Für immer und ewig«, antwortet er, »für alle Zeiten verletzlich, auf unsere unbeschwerte Art.« »Und der ständige

Druck? Die zunehmenden Isolierungen? Die bohrende Einsamkeit?«, wendet sie ein.

Und Sebastian antwortet, dabei selbst das Beispiel gebend für diese unbeschwerte Berührbarkeit: »Sollten assimiliert, verwertet, kommuniziert werden«, denn »es wird immer jemanden geben, der zuhört, hinschaut, wahrnimmt«.

ÜBER DIE AUTORINNEN

KAY DICK (1915–2001) war eine britische Journalistin, Autorin und Verlegerin und Mitte des 20. Jahrhunderts eine der schillerndsten Gestalten der Londoner Literaturszene. Mit nur 26 Jahren übernahm sie als erste britische Frau die Leitung eines Buchverlags. Als Journalistin arbeitete sie später u. a. für den *New Statesman* und gab viele Jahre unter dem Pseudonym Edward Lane das Literaturmagazin *The Windmill* heraus. Sie schrieb etliche Romane, außerdem Sachbücher. Ihr Roman *Sie*, der 1977 erschien, gewann den South-East Arts Literature Prize.

EVA MENASSE, geboren 1970 in Wien, debütierte im Jahr 2005 mit dem Familienroman *Vienna.* Es folgten Romane und Erzählungen, die vielfach übersetzt und ausgezeichnet wurden, u. a. mit dem Heinrich-Böll-Preis, dem Jonathan-Swift-Preis, dem Friedrich-Hölderlin-Preis, dem Österreichischen Buchpreis und dem Villa-Massimo-Stipendium in Rom. Als Essayistin erhielt sie 2019 den Ludwig-Börne-Preis. Sie lebt seit über zwanzig Jahren in Berlin. 2021 erschien ihr Roman *Dunkelblum*, der mit dem Bruno-Kreisky-Preis für das Politische Buch ausgezeichnet wurde.

DIE ÜBERSETZERIN

KATHRIN RAZUM arbeitet seit 1992 als freie Literaturübersetzerin; sie lebt bei Heidelberg. Zu den von ihr übersetzten Autor*innen gehören Edna O'Brien, Susan Sontag, V. S. Naipaul, Hilary Mantel, Dorothy Baker, Laird Hunt und Rebecca Solnit.